les meilleurs desserts

marabout chef

Sommaire

LES RECETTES

Hiver — 4
Desserts d'hiver express — 58

Été — 60
Desserts d'été express — 114

ANNEXES

Glossaire — 117
Table des recettes — 119

Hiver

Tourte aux pommes et aux myrtilles
Pour 8 personnes

PRÉPARATION 50 MINUTES • RÉFRIGÉRATION 1 HEURE • CUISSON 1 H 05

1,4 kg de pommes
2 c. s. de sucre en poudre
2 c. s. de Maïzena
300 g de myrtilles surgelées
1 c. s. de sucre roux

Pâte à tarte
300 g de farine
110 g de sucre glace
185 g de beurre en dés
2 jaunes d'œufs

1. Pelez les pommes, épépinez-les et coupez-les en tranches fines. Mélangez-les avec le sucre en poudre dans une sauteuse et laissez cuire 10 minutes à feu doux. Égouttez-les avec une écumoire en réservant le sirop. Délayez la moitié de la Maïzena dans 1 cuillerée à soupe d'eau puis versez le mélange dans le sirop en remuant bien. Laissez frémir jusqu'au point d'ébullition pour faire épaissir le sirop.

2. Préparez la pâte et chemisez-en un moule à tarte comme indiqué ci-après. Préchauffez le four à 220 °C.

3. Saupoudrez les myrtilles avec le reste de Maïzena puis incorporez-les aux pommes tièdes. Garnissez le fond de tarte de ce mélange avant de couvrir avec une abaisse de pâte pour fermer la tourte. Pincez les bords pour les sceller.

4. Badigeonnez la pâte avec un peu d'eau, faites quelques entailles dedans pour laisser la vapeur s'échapper puis saupoudrez-la de sucre roux. Faites cuire la tourte 30 minutes, jusqu'à ce que la pâte soit dorée. Laissez reposer 10 minutes avant de servir.

Pâte à tarte Mixez la farine, le sucre glace et le beurre. Quand le mélange est homogène, ajoutez les jaunes d'œufs un à un sans cesser de mixer, puis 1 cuillerée à soupe d'eau froide. Travaillez la pâte obtenue sur une surface farinée pour qu'elle soit bien lisse. Formez une boule et mettez-la 30 minutes au réfrigérateur. Abaissez deux tiers de la pâte entre 2 feuilles de papier sulfurisé et garnissez-en un moule à tarte. Recoupez les bords, couvrez et laissez reposer 30 minutes au réfrigérateur. Étalez le reste de pâte entre 2 feuilles de papier sulfurisé graissé pour former l'abaisse supérieure qui fermera la tourte.

ASTUCES
• Cette tourte est meilleure tiède ou à peine refroidie. Servez-la avec de la crème fraîche épaisse parfumée au sucre vanillé.
• N'importe quels fruits rouges congelés pourront faire l'affaire. Essayez également de la rhubarbe, qui se marie bien avec les pommes pour une tourte automnale.

Hiver

Pancakes au beurre praliné

Pour 4 personnes

PRÉPARATION 15 MINUTES • CUISSON 15 MINUTES

300 g de farine avec levure incorporée
75 g de sucre en poudre
2 œufs, blancs et jaunes séparés
20 g de beurre fondu
1 c. c. d'extrait de vanille
500 ml de babeurre
un peu d'huile pour la poêle
180 ml de sirop d'érable

Beurre praliné
125 g de beurre ramolli
1 c. s. de sucre glace
1 c. s. de sirop d'érable
45 g d'amandes grillées grossièrement hachées

1 Préparez le beurre praliné.

2 Mettez la farine et le sucre dans un récipient puis ajoutez progressivement les jaunes d'œufs, en fouettant régulièrement. Incorporez enfin le beurre fondu, l'extrait de vanille et le babeurre, sans cesser de fouetter pour obtenir une pâte fluide et homogène.

3 Battez les blancs d'œufs en neige ferme puis incorporez-les délicatement à la pâte, en procédant en deux ou trois fois.

4 Graissez légèrement une petite poêle antiadhésive puis versez une louche de pâte. Laissez cuire le pancake jusqu'à ce qu'il soit bien doré. Retournez-le et laissez-le se colorer sur l'autre face. Répétez l'opération jusqu'à ce qu'il ne reste plus de pâte. Servez les pancakes chauds, nappés de sirop d'érable et de beurre praliné.

Beurre praliné Fouettez le beurre pour obtenir un mélange pâle et mousseux. Sans cesser de fouetter, incorporez le sucre et le sirop d'érable, puis les amandes.

Hiver

Pudding au panettone

Pour 8 personnes

PRÉPARATION 30 MINUTES • CUISSON 1 H 45 • REPOS 30 MINUTES

Le panettone est une sorte de brioche italienne aux fruits confits. En vente en grande surface et chez les traiteurs italiens.

1 panettone de 500 g
90 g de beurre ramolli
1 litre de lait
300 ml de crème fraîche épaisse
150 g de sucre en poudre
1 gousse de vanille
3 jaunes d'œufs
80 g de confiture d'abricots
1 c. s. de liqueur d'orange

1. Préchauffez le four à 200 °C. Graissez un moule à cake rond puis chemisez le fond et les parois de papier sulfurisé légèrement graissé.

2. Détaillez le panettone en tranches fines et faites-les griller puis beurrez chaque tranche sur une seule face. Tapissez-en les parois et le fond du moule.

3. Mélangez le lait, la crème et le sucre dans une casserole. Fendez la gousse de vanille dans la longueur, grattez les graines au-dessus de la casserole puis ajoutez la gousse dedans. Portez à ébullition en remuant sans cesse puis retirez du feu. Laissez tiédir 10 minutes avant de retirer la gousse de vanille.

4. Fouettez les jaunes d'œufs puis incorporez-les à la crème vanillée. Versez le tout sur les tranches de panettone.

5. Mettez le moule dans un grand plat puis versez de l'eau jusqu'à mi-hauteur. Faites cuire le pudding 1 h 30 au four, au bain-marie (la crème doit être ferme au toucher). Retirez-le du four et laissez-le reposer 30 minutes à température ambiante avant de le démouler.

6. Faites chauffer à feu doux la confiture et la liqueur puis badigeonnez-en le pudding tiède. Servez aussitôt.

ASTUCES

• Dégustez ce pudding tiède pour en profiter pleinement. S'il en reste, vous pouvez le conserver 2 jours dans un récipient hermétique.

• Vous pouvez remplacer la liqueur d'orange par du Cointreau, du Grand Marnier ou du curaçao. Pour un dessert sans alcool, délayez la confiture dans un peu d'eau ou de jus d'orange.

Hiver

Poires pochées au vin rouge

Pour 6 personnes

PRÉPARATION 20 MINUTES • CUISSON 2 HEURES • RÉFRIGÉRATION 2 HEURES

6 poires
500 ml d'eau
500 ml de vin rouge
125 ml de liqueur à l'orange
4 zestes d'orange
165 g de sucre en poudre
1 gousse de vanille
glace à la vanille pour accompagner (facultatif)

Chips de poire
1 poire
110 g de sucre en poudre
125 ml d'eau

1 Préparez les chips de poire. Pendant qu'elles cuisent au four, préparez le reste de la recette.

2 Pelez les poires en conservant les queues. Faites chauffer l'eau, le vin et la liqueur dans une casserole. Quand le mélange frémit, ajoutez le zeste d'orange et le sucre en poudre en remuant pour que ce dernier soit bien dissous. Ajoutez enfin les poires et la gousse de vanille fendue en deux. Dès les premiers bouillons, baissez le feu, couvrez et laissez frémir 1 heure.

3 Quand les poires sont tendres, retirez-les de la casserole avec une écumoire et mettez-les dans un grand plat creux. Portez le sirop à ébullition puis laissez frémir 10 minutes pour le faire réduire de moitié. Retirez la casserole du feu ; ôtez la gousse de vanille et le zeste d'orange.

4 Quand le sirop est tiède, versez-le sur les poires puis mettez les fruits 2 heures au réfrigérateur.

5 Au moment de servir, répartissez les poires dans des coupelles, garnissez de glace à la vanille et de chips de poire ; nappez de sirop. Servez aussitôt.

Chips de poire Préchauffez le four à 120 °C. Étalez une feuille de papier sulfurisé sur une plaque de cuisson et graissez-la légèrement. Avec un économe ou un couteau bien affûté, détaillez la poire en fines lamelles. Mélangez le sucre et l'eau dans une casserole puis faites fondre le sucre à feu moyen. Laissez bouillir 5 minutes pour que le sirop épaississe. Ajoutez les lamelles de poire, baissez le feu et laissez mijoter 5 minutes. Elles doivent rester légèrement croquantes. Égouttez-les bien puis étalez-les sur la plaque de cuisson et faites-les sécher 2 heures au four, en les retournant plusieurs fois. Quand elles sont bien croustillantes, retirez-les du four et laissez-les refroidir à température ambiante.

ASTUCES
• Si le jus de cuisson des poires est trop sucré, ajoutez 1 cuillerée à café de jus de citron.
• Vous pouvez remplacer la liqueur d'orange par du Cointreau, du Grand Marnier ou du curaçao.

Hiver

Pudding express aux oranges et aux framboises

Pour 4 personnes

PRÉPARATION 5 MINUTES • CUISSON 15 MINUTES

**20 g d'amandes effilées
30 g de beurre
110 g de farine avec levure incorporée
80 ml de lait
150 g de sucre roux
2 c. c. de zeste d'orange finement râpé
110 g de framboises surgelées
60 ml de jus d'orange
180 ml d'eau bouillante
de la glace à la vanille pour accompagner (facultatif)**

1. Graissez un moule peu profond allant au micro-ondes.
2. Mettez les amandes dans un récipient et faites-les cuire 2 minutes au micro-ondes sur Fort (puissance maximale) pour qu'elles soient bien dorées.
3. Faites fondre le beurre 30 secondes dans un récipient (Fort) avant d'incorporer la farine, le lait et la moitié du sucre. Mélangez bien pour obtenir une pâte homogène et lisse puis ajoutez le zeste d'orange et les framboises. Versez le mélange dans le moule.
4. Saupoudrez le dessus du pudding avec le reste du sucre puis versez délicatement le jus d'orange et l'eau bouillante.
5. Faites cuire le pudding 12 minutes au micro-ondes, sur Moyen-Fort, puis laissez reposer 5 minutes à température ambiante.
6. Étalez les amandes sur le pudding et servez tiède. Garnissez éventuellement de glace à la vanille.

ASTUCE

Vous pouvez faire cuire ce pudding dans un four traditionnel. Comptez 20 minutes à four moyen. Pour les amandes, faites les dorer à sec dans une poêle antiadhésive.

Hiver

Moelleux au café et aux noix de pécan, sauce au caramel

Pour 6 personnes

PRÉPARATION 15 MINUTES • CUISSON 40 MINUTES

**90 g de noix de pécan grillées et grossièrement hachées
300 ml de crème fraîche
330 g de sucre roux
100 g de beurre bien froid coupé en petits morceaux
125 g de beurre ramolli
1 c. c. d'extrait de vanille
110 g de sucre en poudre
2 œufs
150 g de farine avec levure incorporée
35 g de farine ordinaire
60 ml de lait
1 c. s. de café soluble
de la glace à la vanille ou de la crème fouettée pour servir (facultatif)**

1 Préchauffez le four à 180 °C. Graissez 6 moules individuels puis chemisez les fonds et les parois de papier sulfurisé légèrement graissé.

2 Répartissez les noix de pécan dans les moules.

3 Mélangez la crème, le sucre roux et le beurre en morceaux dans une casserole. Faites chauffer à feu doux sans laisser bouillir. Quand le beurre a fondu et que tout le sucre est dissous, laissez frémir ce caramel liquide 5 minutes pour le faire épaissir. Prélevez-en 2 cuillerées à soupe et garnissez-en les moules. Réservez le reste.

4 Fouettez ensemble le beurre ramolli, l'extrait de vanille et le sucre en poudre pour obtenir un mélange mousseux. Sans cesser de battre, incorporez les œufs un à un, puis les farines, le lait et le café. Répartissez la pâte obtenue dans les moules. Faites cuire 30 minutes au four puis laissez tiédir à température ambiante.

5 Démoulez les moelleux sur des assiettes à dessert. Réchauffez rapidement le caramel et nappez-en les gâteaux. Servez aussitôt avec une boule de glace à la vanille ou de la crème fouettée.

ASTUCE

Le caramel et les moelleux peuvent être préparés quelques heures à l'avance. Réchauffez-les au moment de servir.

Hiver

Tiramisu

Pour 12 personnes

PRÉPARATION 45 MINUTES • CUISSON 25 MINUTES • RÉFRIGÉRATION 3 HEURES

Le marsala est un vin cuit italien. Vous pouvez le remplacer par une liqueur à base de café.

**6 œufs
330 g de sucre en poudre
150 g de farine avec levure incorporée
75 g de Maïzena
250 ml d'eau bouillante
4 c. c. de café soluble
180 ml de marsala
4 jaunes d'œufs
500 g de mascarpone
25 g de chocolat noir râpé
300 ml de crème fraîche
75 g de chocolat noir en copeaux**

1 Préchauffez le four à 180 °C. Graissez deux moules carrés et chemisez-les de papier sulfurisé légèrement graissé.

2 Fouettez les œufs puis ajoutez progressivement 220 g de sucre, en mixant après chaque ajout. Quand le mélange est homogène, incorporez la farine et un quart de l'eau bouillante sans cesser de fouetter. Répartissez la pâte uniformément dans les moules et faites cuire 25 minutes au four. Démoulez aussitôt les génoises sur un plateau et laissez refroidir.

3 Faites dissoudre le café dans le reste d'eau bouillante, versez 120 ml de marsala et mélangez bien. Laissez refroidir.

4 Fouettez les jaunes d'œufs et le reste de sucre jusqu'à obtention d'un mélange mousseux. Versez le reste du marsala puis incorporez progressivement le mascarpone.

5 Chemisez un moule carré de film alimentaire. Coupez les deux gâteaux en deux dans la hauteur. Disposez une tranche dans le moule, badigeonnez-la de sirop au café puis étalez la préparation au mascarpone. Saupoudrez de chocolat râpé. Répétez trois fois l'opération en terminant par une tranche de gâteau. Laissez raffermir au moins 3 heures au réfrigérateur.

6 Battez la crème au fouet électrique jusqu'à ce que de petits pics se forment à la surface. Démoulez le gâteau et nappez-le de crème fouettée. Saupoudrez de copeaux de chocolat et servez.

Hiver

Tarte au citron meringuée

Pour 10 personnes

PRÉPARATION 15 MINUTES + RÉFRIGÉRATION • CUISSON 15 MINUTES

250 g de petits-beurre
100 g de beurre doux ramolli
75 g de Maïzena
330 g de sucre en poudre
125 ml de jus de citron
310 ml d'eau
60 g de beurre en morceaux
4 œufs, blancs et jaunes séparés
2 c. c. de zeste de citron râpé

1 Graissez un moule à tarte à fond amovible.

2 Mixez les biscuits pour obtenir une chapelure fine puis incorporez le beurre ramolli et travaillez grossièrement le mélange à la main. Étalez la pâte obtenue dans le moule et laissez raffermir le fond de tarte au réfrigérateur.

3 Mélangez la Maïzena et 110 g de sucre dans une sauteuse puis versez progressivement l'eau et le jus de citron en remuant sans cesse, jusqu'à obtention d'un mélange lisse. Faites cuire 1 minute à feu vif, sans cesser de remuer. Retirez du feu et ajoutez le beurre en morceaux, puis les jaunes d'œufs et le zeste de citron, en remuant toujours. Laissez refroidir 10 minutes puis nappez le biscuit de cette préparation. Couvrez et laissez 2 heures au réfrigérateur.

4 Préchauffez le four à 200 °C.

5 Battez les blancs d'œufs en neige ferme en ajoutant le reste du sucre cuillerée par cuillerée, jusqu'à obtention d'une meringue lisse. Avec une fourchette, nappez-en la tarte en formant de petits pics. Faites cuire au four, jusqu'à ce que la meringue soit légèrement dorée. Servez froid.

Astuce
Vous pouvez préparer cette tarte la veille et la conserver au réfrigérateur.

Hiver

Cigarettes aux amandes

Pour 32 pièces

PRÉPARATION 45 MINUTES • CUISSON 10 MINUTES

240 g d'amandes grillées
110 g de sucre en poudre
1 c. c. de cannelle en poudre
30 g de beurre ramolli
4 c. c. d'eau de fleur d'oranger
8 feuilles de pâte filo
100 g de beurre fondu
360 g de miel liquide
1 c. s. de graines de sésame grillées

1 Préchauffez le four à 180 °C. Graissez deux plaques de cuisson.

2 Mixez les amandes, le sucre, la cannelle, le beurre ramolli et 3 cuillerées à café d'eau de fleur d'oranger. Vous devez obtenir une pâte d'amande épaisse.

3 Coupez les feuilles de pâte filo en quatre bandes, couvrez-les de papier sulfurisé légèrement graissé puis posez dessus une serviette humide. Étalez un rectangle de pâte sur le plan de travail et badigeonnez-le de beurre fondu. Façonnez une bûchette en pâte d'amande et mettez-la sur la bande de pâte filo, près d'un petit côté. Roulez la pâte autour de la bûchette puis badigeonnez-la de beurre fondu. Répétez l'opération avec le reste des ingrédients.

4 Disposez les pâtisseries sur les plaques de cuisson et faites-les cuire 15 minutes au four. Pendant ce temps, portez à ébullition le miel et le reste d'eau de fleur d'oranger puis laissez mijoter 3 minutes à feu doux.

5 Plongez les pâtisseries dans le miel chaud puis égouttez-les et saupoudrez-les de graines de sésame. Laissez refroidir avant de servir.

Hiver

Crème renversée à la cannelle

Pour 8 personnes

PRÉPARATION 15 MINUTES • CUISSON 1 HEURE • RÉFRIGÉRATION 24 HEURES

300 g de sucre en poudre
125 ml d'eau
625 ml de lait
300 ml de crème fraîche épaisse
2 bâtons de cannelle
2 clous de girofle
4 œufs
2 jaunes d'œufs
2 c. c. d'extrait de vanille

1. Préchauffez le four à 160 °C.
2. Mélangez 220 g de sucre et l'eau dans une casserole et faites chauffer à feu doux. Quand le sucre est dissous, portez à ébullition puis réduisez le feu et laissez frémir sans remuer jusqu'à obtention d'un sirop doré. Versez ce sirop dans un moule à cake rond. Laissez refroidir.
3. Mélangez le lait, la crème et les épices dans une casserole et portez à ébullition. Après quelques bouillons, retirez du feu, couvrez et laissez infuser 15 minutes. Filtrez la crème et jetez les résidus solides.
4. Battez ensemble les œufs, les jaunes d'œufs, le reste du sucre et l'extrait de vanille avant d'incorporer le lait à la cannelle. Versez le mélange sur le caramel puis mettez le moule dans un grand plat. Versez de l'eau chaude dans le plat jusqu'à mi-hauteur du moule, enfournez et laissez cuire la crème 45 minutes au bain-marie. Quand elle est ferme au toucher, sortez-la du four et laissez-la refroidir à température ambiante. Couvrez et laissez 24 heures au réfrigérateur. Démoulez la crème au moment de servir.

Hiver

Tarte Tatin

Pour 8 personnes

PRÉPARATION 40 MINUTES • CUISSON 1 H 45

6 grosses pommes
100 g de beurre doux en morceaux
220 g de sucre roux
2 c. s. de jus de citron
de la crème fraîche fouettée
pour accompagner (facultatif)

Pâte à tarte
300 g de farine
2 c. s. de sucre en poudre
80 g de beurre doux froid en dés
2 c. s. de crème fraîche

1. Pelez les pommes, épépinez-les puis coupez-les en quatre. Faites fondre le beurre dans une sauteuse, ajoutez les quartiers de pomme, saupoudrez-les de sucre et arrosez-les de jus de citron. Laissez cuire 1 heure à feu doux en les retournant plusieurs fois dans le sirop. À la fin de la cuisson, les pommes doivent être presque brunes et le sirop caramélisé.

2. Beurrez un moule à tarte puis disposez les quartiers de pomme en cercles concentriques. Étalez dessus 1 cuillerée à soupe de sirop caramélisé (réservez le reste). Tassez bien les pommes dans le plat et couvrez.

3. Préparez la pâte.

4. Préchauffez le four à 200 °C.

5. Abaissez la pâte entre 2 feuilles de papier sulfurisé puis mettez-la en place sur les pommes en l'enfonçant bien dans le moule sur les côtés. Faites cuire 30 minutes au four, jusqu'à ce que la pâte soit dorée. Laissez reposer la tarte 5 minutes à température ambiante puis démoulez-la sur un plat de service.

6. Réchauffez le caramel réservé et nappez-en la tarte. Servez aussitôt avec la crème fouettée.

Pâte à tarte Mettez la farine, le sucre, le beurre et la crème dans le bol d'un robot et mixez jusqu'à obtention d'une boule homogène. Pétrissez la pâte sur un plan de travail fariné jusqu'à ce qu'elle soit lisse. Couvrez et laissez reposer 30 minutes au réfrigérateur.

ASTUCES
- Vous pouvez remplacer la crème fouettée par de la glace à la vanille ou servir la tarte nature.
- Si vous manquez de temps, utilisez une pâte feuilletée toute prête.

Hiver

Cake à la banane

Pour 8 personnes

PRÉPARATION 15 MINUTES • CUISSON 55 MINUTES

220 g de sucre en poudre
250 ml d'eau
2 grosses bananes détaillées en rondelles
2 œufs légèrement battus
160 ml d'huile végétale
165 g de sucre roux
1 c. c. d'extrait de vanille
100 g de farine
50 g de farine avec levure incorporée
2 c. c. de cannelle en poudre
1 c. s. de bicarbonate de soude
2 bananes mixées en purée

1 Préchauffez le four à 180 °C. Graissez un moule à cake rond.

2 Mélangez l'eau et le sucre dans une casserole. Faites chauffer à feu doux. Quand le sucre est dissous, portez à ébullition puis laissez frémir 10 minutes pour obtenir un caramel liquide. Nappez-en le fond du moule puis étalez dessus les rondelles de banane.

3 Mélangez les œufs, l'huile, le sucre et l'extrait de vanille. Incorporez la farine, la cannelle et le bicarbonate, puis la purée de bananes. Versez la préparation dans le moule. Faites cuire 40 minutes au four. Laissez reposer le gâteau 10 minutes à température ambiante avant de le démouler. Servez tiède ou froid.

Hiver

Cheesecake à la vanille et aux coings pochés

Pour 12 personnes

PRÉPARATION 20 MINUTES • RÉFRIGÉRATION 30 MINUTES + 12 HEURES • CUISSON 2 H 45

125 g de petits-beurre
80 g de beurre fondu
500 g de fromage frais
2 œufs
120 g de crème fraîche
60 ml de jus de citron
600 g de sucre en poudre
1 gousse de vanille
500 ml d'eau
2 coings pelés, évidés et coupés en quatre
2 zestes de citron

1 Préchauffez le four à 160 °C. Beurrez un moule à cake rond.

2 Mixez les biscuits en fine chapelure. Ajoutez le beurre et travaillez le mélange à la main pour obtenir une pâte sablée. Étalez cette préparation dans le moule en tassant bien puis laissez raffermir 30 minutes au réfrigérateur.

3 Mettez dans le bol du robot le fromage frais, les œufs, la crème, le jus de citron et 150 g de sucre. Fendez la gousse de vanille en deux et grattez l'intérieur avec la pointe d'un couteau pour décoller les graines ; mettez-les dans le bol du robot et mixez ce mélange jusqu'à obtention d'une pâte lisse. Réservez la gousse de vanille pour la cuisson des coings.

4 Étalez la préparation au fromage frais sur le fond de pâte raffermi et faites cuire 35 minutes au four. Coupez le feu et laissez refroidir le cheesecake à l'intérieur du four, en laissant la porte entrouverte, puis mettez-le une nuit au réfrigérateur.

5 Mélangez l'eau et le reste du sucre dans une casserole puis faites dissoudre le sucre à feu doux avant de porter le sirop à ébullition. Ajoutez alors les coings, les zestes de citron et la gousse de vanille. Baissez le feu, couvrez et laissez mijoter 2 heures, jusqu'à ce que les coings soient tendres. Laissez-les refroidir dans le sirop puis égouttez-les et coupez-les en tranches fines.

6 Remettez les coings dans la casserole et portez à nouveau à ébullition puis laissez mijoter à feu doux 15 minutes. Quand le sirop a réduit de moitié, retirez la casserole du feu et laissez refroidir à température ambiante. Au moment de servir, décorez le cheesecake de coings au sirop.

Astuces

• Préparez le cheesecake et les coings la veille. Réchauffez rapidement ces derniers car ils doivent être juste tièdes.
• Vous pouvez également préparer cette recette avec des pêches ou des abricots. Réduisez alors le temps de cuisson des fruits (1 heure maximum).

Hiver

Crème brûlée

Pour 6 personnes

PRÉPARATION 15 MINUTES • RÉFRIGÉRATION 3 HEURES • CUISSON 40 MINUTES

1 gousse de vanille
750 ml de crème fraîche
6 jaunes d'œufs
100 g de sucre en poudre

1 Préchauffez le four à 180 °C. Coupez la gousse de vanille en deux et prélevez les graines avec la pointe d'un couteau (réservez-les). Faites chauffer la crème et la gousse de vanille dans une casserole à feu doux, sans laisser bouillir.

2 Fouettez les jaunes d'œufs, 60 g de sucre et les graines de vanille dans un récipient résistant à la chaleur avant d'incorporer la crème chaude. Mettez le récipient au-dessus d'une grande casserole d'eau frémissante et faites cuire la crème 10 minutes au bain-marie, sans cesser de remuer. Quand la crème a épaissi, retirez le récipient de la casserole puis ôtez la gousse de vanille.

3 Répartissez la crème dans six ramequins. Placez ces derniers dans un grand plat allant au four et versez de l'eau chaude dans le plat jusqu'à mi-hauteur. Faites cuire les crèmes 20 minutes au four jusqu'à ce qu'elles soient fermes. Laissez refroidir à température ambiante puis mettez au moins 3 heures au réfrigérateur.

4 Avant de servir, préchauffez le four en position gril. Disposez les moules dans un grand plat rempli de glaçons. Saupoudrez uniformément les crèmes avec le reste du sucre et faites-les dorer sous le gril. Le sucre doit caraméliser.

Hiver

Brownies au chocolat

Pour 8 personnes

PRÉPARATION 20 MINUTES • CUISSON 30 MINUTES

150 g de beurre coupé en dés
300 g de chocolat noir coupé en morceaux
330 g de sucre roux
4 œufs légèrement battus
150 g de farine
120 g de crème fraîche
75 g de noisettes grillées coupées en morceaux

Sauce au chocolat
150 g de chocolat noir grossièrement haché
300 ml de crème fraîche
75 g de sucre roux
2 c. c. de liqueur de café

1 Préchauffez le four à 180 °C. Graissez un moule rectangulaire.
2 Mélangez le chocolat et le beurre dans une casserole et laissez fondre à feu doux, en remuant sans cesse.
3 Versez le mélange dans un saladier puis incorporez le sucre et les œufs. Ajoutez enfin la farine, la crème et les noisettes. Quand la préparation est homogène, versez-la dans le moule et lissez la surface. Faites cuire au four 30 minutes puis laissez refroidir.
4 Pendant ce temps, préparez la sauce au chocolat.
5 Au moment de servir, détaillez le gâteau en rectangles puis nappez-les de sauce au chocolat.

Sauce au chocolat Faites fondre à feu doux le chocolat, la crème et le sucre dans une casserole jusqu'à obtention d'une sauce lisse. Retirez du feu puis ajoutez la liqueur.

ASTUCES
• Pour parfumer la sauce au chocolat, vous pouvez opter pour d'autres saveurs : crème de whisky, liqueur d'orange ou de mandarine…
• Servez les brownies avec une boule de glace vanille ou une pleine cuillerée de crème fouettée.

Hiver

Tarte au chocolat

Pour 10 personnes

PRÉPARATION 25 MINUTES • CUISSON 55 MINUTES

4 jaunes d'œufs
2 œufs
55 g de sucre en poudre
80 ml de crème fraîche épaisse
300 g de chocolat noir fondu
1 c. c. d'extrait de vanille
30 g de poudre de cacao

Pâte
185 g de farine
25 g de cacao en poudre
55 g de sucre glace
150 de beurre froid coupé en dés
2 jaunes d'œufs
1 c. c. d'eau glacée

1 Préparez la pâte à tarte et faites-la cuire à blanc (180 °C) puis baissez le thermostat à 160 °C.

2 Fouettez ensemble les jaunes d'œufs, les œufs et le sucre en poudre pour obtenir un mélange mousseux. Incorporez la crème, le chocolat fondu et l'extrait de vanille.

3 Nappez le fond de tarte de cette préparation et faites cuire 30 minutes au four (160 °C). Laissez refroidir à température ambiante. Saupoudrez uniformément de cacao avant de servir.

Pâte Battez rapidement la farine, le cacao, le sucre et le beurre avant d'ajouter les jaunes d'œufs et l'eau. Continuez de battre jusqu'à obtention d'un mélange homogène puis pétrissez la pâte sur un plan de travail fariné. Quand elle est lisse et souple, ramassez-la en boule, mettez-la dans un saladier, couvrez et réservez 30 minutes au réfrigérateur. Préchauffez le four à 180 °C. Beurrez un moule à tarte. Abaissez la pâte entre 2 feuilles de papier sulfurisé puis mettez-la en place dans le moule. Recoupez les bords qui dépassent puis réservez à nouveau 30 minutes au réfrigérateur. Garnissez le fond de pâte d'un disque de papier sulfurisé, ajoutez des haricots secs et faites cuire 15 minutes au four. Quand la pâte est sèche, retirez les haricots et le papier sulfurisé. Prolongez la cuisson pendant 10 minutes pour que la pâte soit légèrement dorée. Laissez refroidir à température ambiante.

Hiver

Fourré aux amandes et à la rhubarbe

Pour 8 personnes

PRÉPARATION 20 MINUTES • CUISSON 40 MINUTES

250 g de rhubarbe en morceaux
100 g de sucre en poudre
2 rouleaux de pâte feuilletée
1 c. s. de confiture d'abricots
1 blanc d'œuf légèrement battu

Frangipane
30 g de beurre
1/2 c. c. d'extrait de vanille
55 g de sucre en poudre
1 œuf
1 c. s. de farine
80 g d'amandes en poudre

1. Mélangez la rhubarbe et 75 g de sucre dans une casserole. Faites chauffer à feu doux, en remuant sans cesse, jusqu'à ce que la rhubarbe ait fondu.
2. Préchauffez le four à 200 °C. Graissez une plaque de cuisson.
3. Préparez la frangipane.
4. Coupez une feuille de pâte en un rectangle de 14 x 24 cm. Coupez l'autre feuille de pâte en un rectangle de 16 x 24 cm et faites huit entailles en largeur, jusqu'à 2 cm des côtés.
5. Étalez le plus petit rectangle sur la plaque du four et badigeonnez-le de confiture. Garnissez-le de frangipane puis de compote de rhubarbe en réservant 2 cm de pâte sur les bords. Badigeonnez ces bords de blanc d'œuf puis recouvrez le tout avec le second rectangle de pâte. Scellez les côtés en les pinçant fortement.
6. Badigeonnez le dessus de blanc d'œuf et saupoudrez avec le reste du sucre. Faites cuire 35 minutes au four. Servez tiède ou froid.

Frangipane Fouettez ensemble le beurre, la vanille et le sucre jusqu'à obtention d'un mélange épais. Ajoutez l'œuf sans cesser de battre puis incorporez la farine et les amandes en poudre.

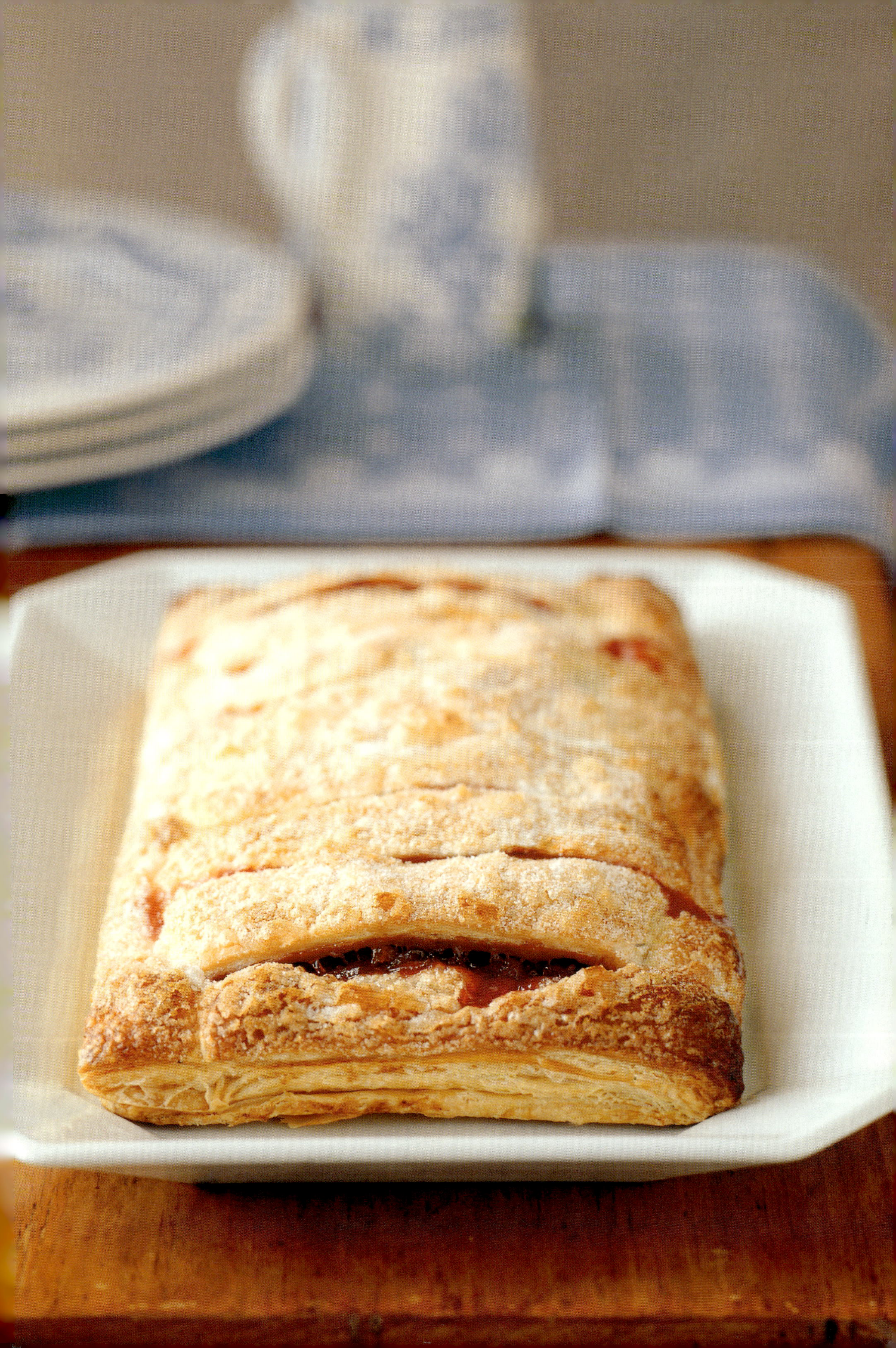

Hiver

Puddings au tapioca

Pour 8 personnes

PRÉPARATION 10 MINUTES • RÉFRIGÉRATION 12 HEURES • CUISSON 3 HEURES

500 ml d'eau
130 g de tapioca
1 c. s. de bicarbonate de soude
250 g de beurre ramolli
2 c. c. d'extrait de vanille
220 g de sucre en poudre
1 œuf
75 g de farine
140 g de chapelure
320 g de raisins secs

Crème à l'orange
300 g de farine
2 c. s. de sucre en poudre
80 g de beurre froid en dés
2 c. s. de crème fraîche

1 Mélangez l'eau, le tapioca et un tiers du bicarbonate de soude dans un récipient, couvrez et laissez reposer toute une nuit au réfrigérateur.

2 Préchauffez le four à 180 °C. Graissez huit ramequins.

3 Mixez le beurre, l'extrait de vanille, le sucre en poudre et l'œuf jusqu'à obtention d'un mélange mousseux. Incorporez le mélange au tapioca, la farine, le reste du bicarbonate de soude, la chapelure et les raisins secs.

4 Répartissez cette préparation dans les ramequins et couvrez de papier sulfurisé. Mettez les moules dans un grand plat allant au four, versez de l'eau bouillante jusqu'à mi-hauteur et faites cuire 3 heures au bain-marie, en rajoutant de l'eau bouillante si nécessaire.

5 Préparez la crème à l'orange.

6 Démoulez les puddings et présentez-les sur des assiettes à dessert. Nappez de crème à l'orange au moment de servir.

Crème à l'orange Mettez tous les ingrédients dans un récipient et fouettez jusqu'à ce que de petits pics se forment à la surface.

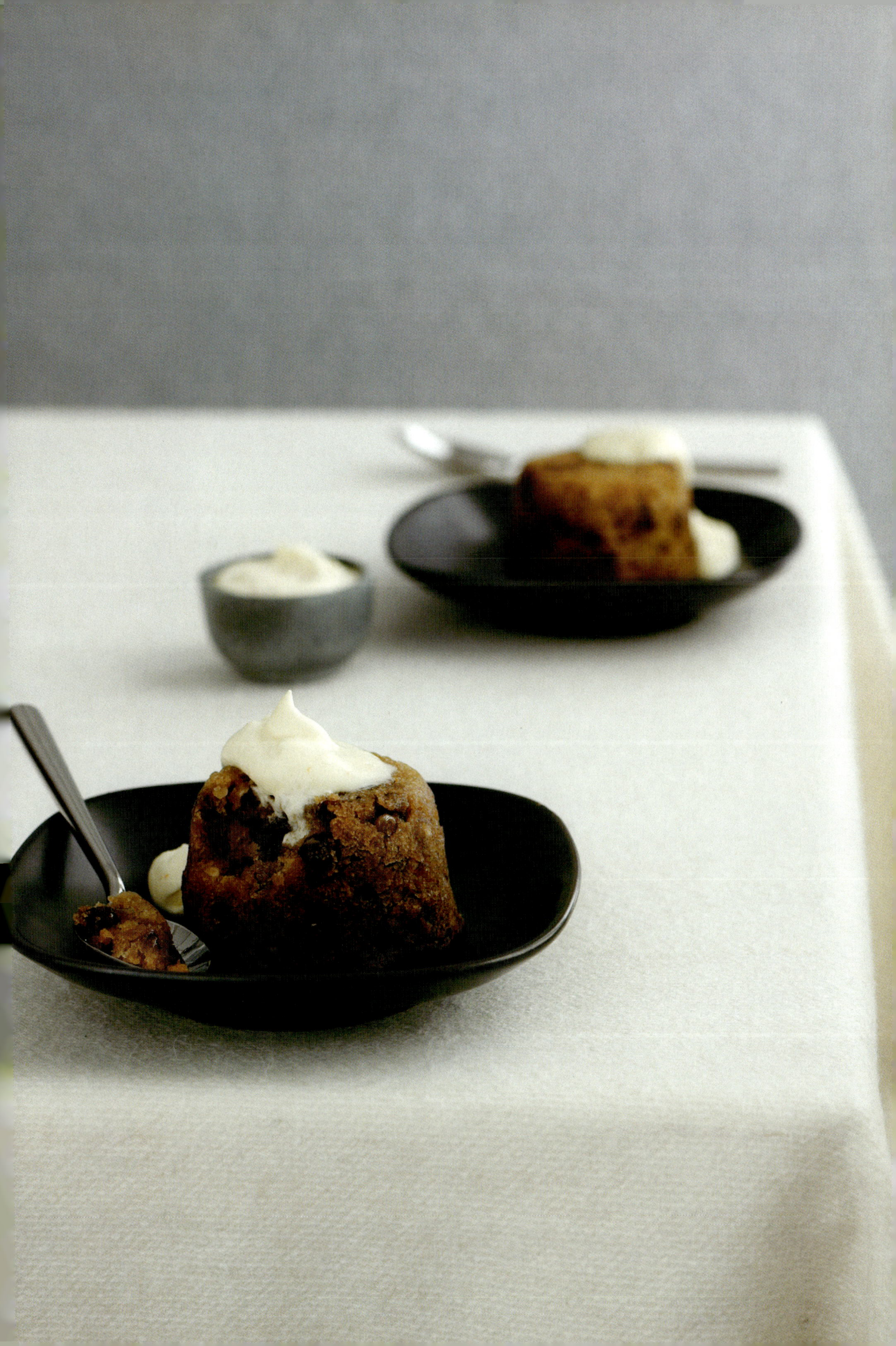

Hiver

Gâteau aux poires et aux amandes

Pour 8 personnes

PRÉPARATION 40 MINUTES • CUISSON 1 H 45

8 poires
625 ml d'eau
1 c. c. de zeste de citron
380 g de sucre en poudre
1 gousse de vanille
125 g de beurre coupé en dés
3 œufs
160 g de crème fraîche épaisse
100 g de farine
100 g de farine avec levure incorporée
40 g d'amandes grillées grossièrement hachées
60 g d'amandes en poudre
40 g de chocolat noir

1 Pelez les poires en conservant les queues.

2 Mettez l'eau, le zeste de citron et 220 g de sucre dans une casserole. Fendez la gousse de vanille en deux et mettez-la dans la casserole. Faites cuire à feu doux en remuant sans cesse, jusqu'à dissolution du sucre, puis ajoutez les poires et portez à ébullition. Baissez le feu et laissez mijoter 30 minutes. Quand les poires sont tendres, égouttez-les et mettez-les dans un récipient. Faites bouillir le sirop pour le faire réduire puis laissez refroidir à température ambiante.

3 Préchauffez le four à 160 °C. Graissez un moule à cake rond.

4 Fouettez le beurre et le reste du sucre jusqu'à obtention d'un mélange mousseux. Sans cesser de battre, incorporez les œufs un à un puis ajoutez la crème. Versez 2 cuillerées à soupe de sirop et incorporez le reste des ingrédients.

5 Disposez les poires en cercle le long des parois du moule puis versez la pâte. Faites cuire le gâteau 1 h 35 au four. Quand la pâte est cuite, sortez le gâteau du four et laissez-le 10 minutes à température ambiante avant de le démouler. Nappez-le avec le reste du sirop et servez-le tiède.

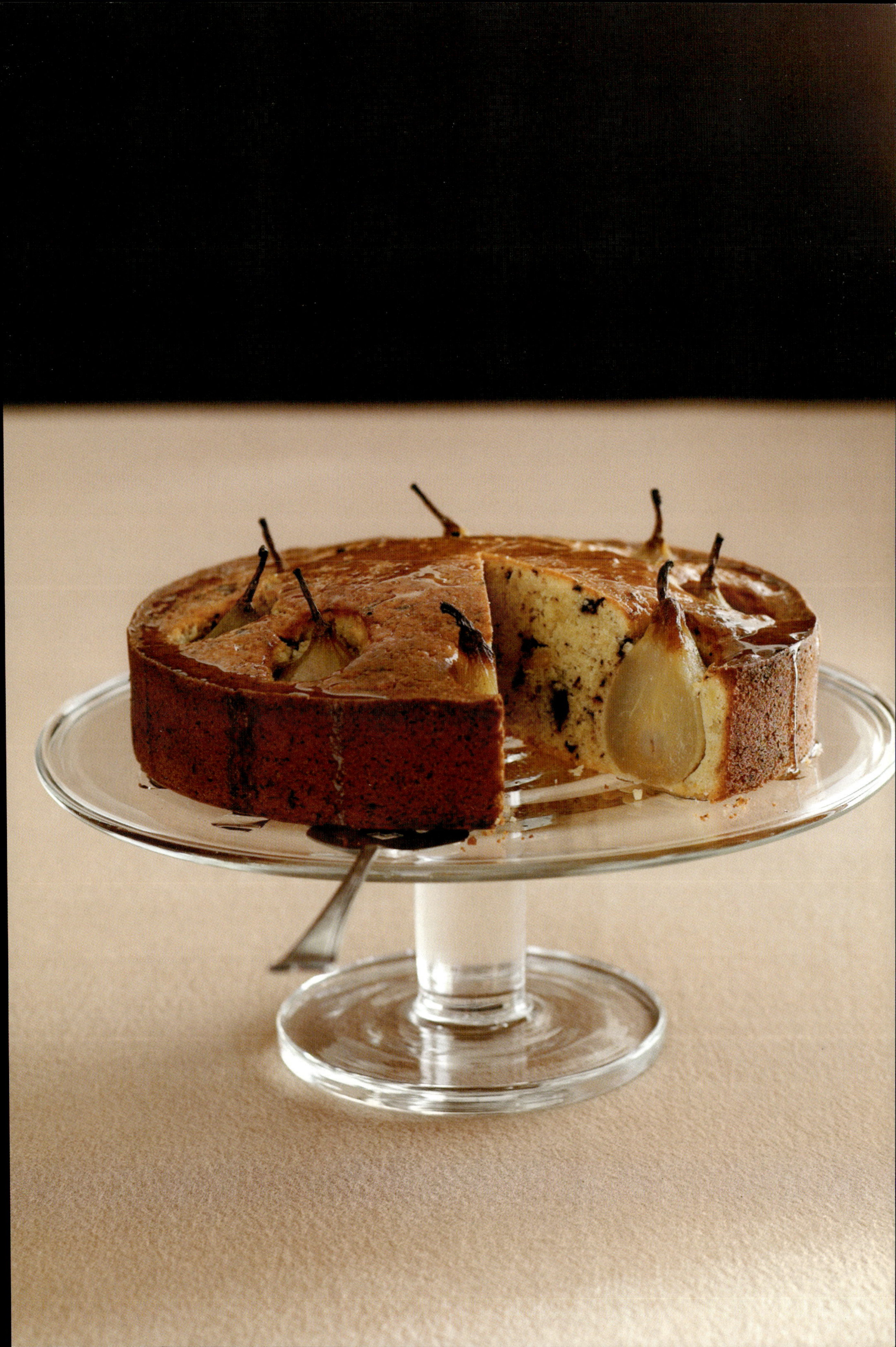

Hiver

Pudding au chocolat

Pour 6 personnes

PRÉPARATION 10 MINUTES • CUISSON 40 MINUTES

150 g de farine avec levure incorporée
1/2 c. c. de bicarbonate de soude
50 g de cacao en poudre
275 g de sucre roux
80 g de beurre fondu
120 g de crème fraîche
1 œuf légèrement battu
500 ml d'eau bouillante
de la glace à la vanille pour accompagner (facultatif)

1 Préchauffez le four à 180 °C. Graissez un moule à cake rond.

2 Tamisez la farine, le bicarbonate, la moitié du cacao et 130 g de sucre dans un récipient. Incorporez progressivement le beurre, la crème et l'œuf en fouettant régulièrement.

3 Versez cette pâte dans le moule, saupoudrez le dessus avec le reste de cacao et de sucre puis versez délicatement l'eau bouillante. Enfournez et laissez cuire 40 minutes. Laissez reposer 5 minutes à température ambiante avant de servir. Accompagnez de boules de glace à la vanille.

Riz crémeux à la grecque

Pour 4 personnes

PRÉPARATION 10 MINUTES • CUISSON 40 MINUTES

1 litre de lait
75 g de sucre en poudre
1 zeste de citron
1 bâton de cannelle
100 g de riz blanc
2 c. c. de Maïzena
2 c. s. de lait en supplément
4 jaunes d'œufs
25 g de noix grillées grossièrement hachées
1 c. c. de sucre à la cannelle
1 c. s. de miel

1 Mélangez le lait, le sucre et le zeste de citron dans une casserole. Portez à ébullition. Ajoutez la cannelle et le riz puis couvrez et laissez frémir 30 minutes, en remuant régulièrement. Quand le riz est cuit, retirez le zeste de citron et le bâton de cannelle.

2 Délayez la Maïzena dans les 2 cuillerées à soupe de lait restantes puis ajoutez les jaunes d'œufs. Versez ce mélange dans la casserole et portez le tout à ébullition.

3 Quand le riz au lait a épaissi, retirez-le du feu et versez-le dans 4 coupes à dessert. Laissez tiédir puis saupoudrez de noix grillées et de sucre à la cannelle. Répartissez le miel dans les coupes et servez.

Hiver

Tarte aux noix de pécan
Pour 8 personnes

PRÉPARATION 25 MINUTES • RÉFRIGÉRATION DE LA PÂTE 1 HEURE • CUISSON 50 MINUTES

280 g de noix de pécan grillées
6 jaunes d'œufs
175 g de sirop d'érable
110 g de sucre roux
90 g de beurre fondu
60 ml de crème fraîche épaisse

Pâte
185 g de farine
55 g de sucre glace
125 g de beurre froid en dés
1 jaune d'œuf
1 c. c. de jus de citron

1 Graissez un moule à tarte. Préparez la pâte (voir ci-dessous) et garnissez-en le moule.

2 Étalez les noix de pécan sur le fond de tarte. Fouettez les jaunes d'œufs, le sirop d'érable, le sucre, le beurre et la crème pour obtenir un mélange homogène. Versez le tout sur les noix et enfournez. Laissez cuire 30 minutes au four (180 °C). Laissez refroidir avant de servir.

Pâte Travaillez du bout des doigts la farine, le sucre glace et le beurre pour obtenir une sorte de chapelure grossière puis incorporez le jaune d'œuf et le jus de citron. Travaillez la pâte sur un plan de travail fariné puis formez une boule et mettez-la 30 minutes au réfrigérateur. Étalez la pâte entre 2 feuilles de papier sulfurisé pour obtenir une abaisse de la taille du moule. Mettez-la en place dans le moule et coupez les bords. Réfrigérez 30 minutes. Préchauffez le four à 180 °C. Tapissez le fond de tarte d'une feuille de papier sulfurisé, garnissez de haricots secs et faites cuire 15 minutes au four. Retirez le papier et les haricots. Prolongez la cuisson à blanc pendant 5 minutes pour que la pâte dore.

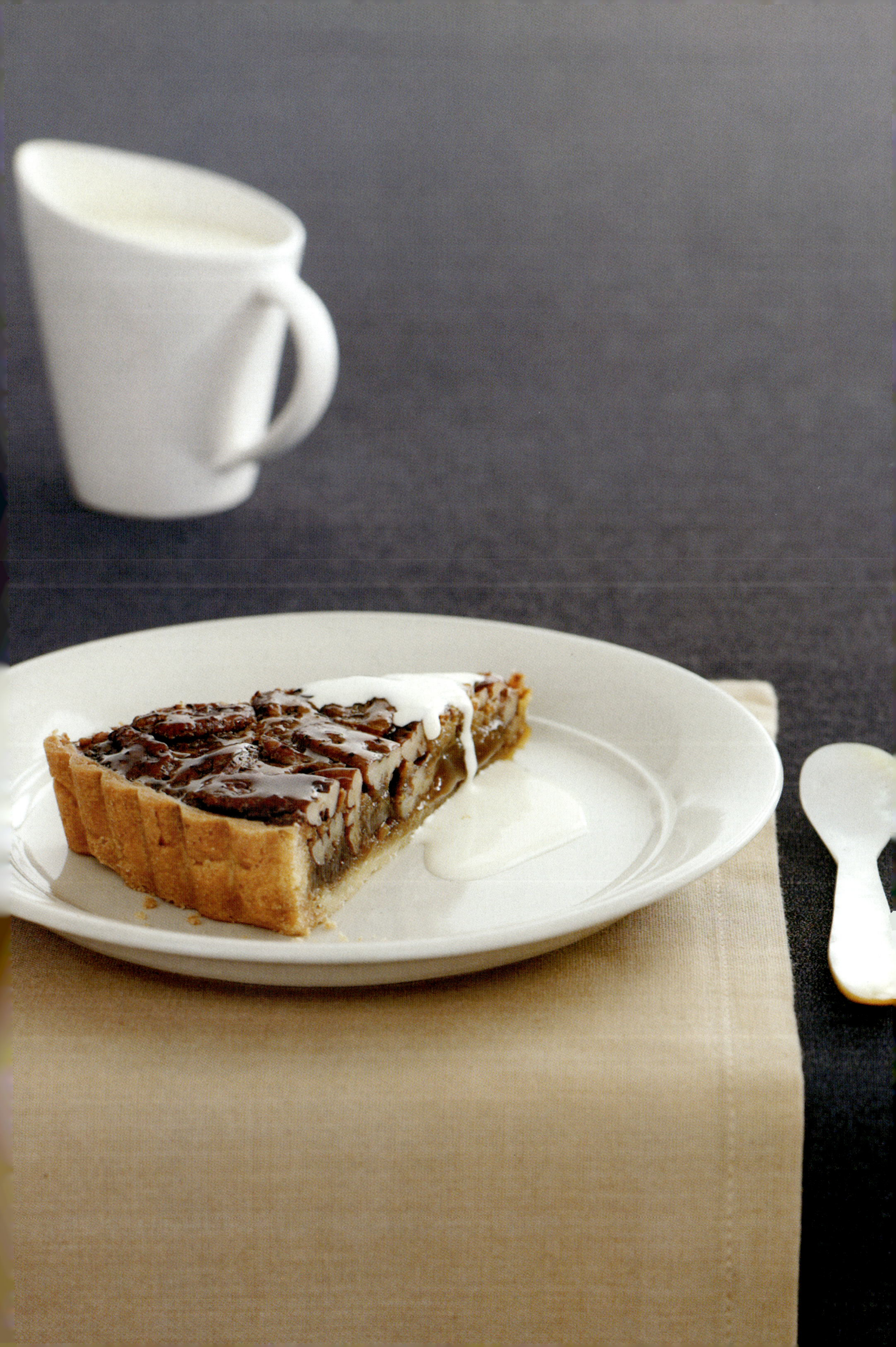

Hiver

Délice aux prunes

Pour 4 personnes

PRÉPARATION 15 MINUTES • CUISSON 40 MINUTES

**825 g de prunes au sirop
110 g de farine avec levure incorporée
55 g de sucre en poudre
1 c. c. de cannelle moulue
60 g de beurre en dés
1 jaune d'œuf
60 ml de babeurre
2 c. s. de noisettes grillées grossièrement hachées
2 c. s. de sucre glace**

1 Préchauffez le four à 180 °C. Égouttez les prunes et récupérez le sirop dans une casserole. Coupez les fruits en deux et mettez-les dans la casserole après avoir enlevé les noyaux. Portez à ébullition puis laissez frémir 5 minutes à feu modéré.

2 Égouttez les prunes et gardez 125 ml de liquide de cuisson. Mettez les fruits et le sirop réservé dans un plat allant au four.

3 Tamisez la farine, le sucre et la cannelle dans un récipient. Ajoutez le beurre et travaillez le mélange du bout des doigts pour obtenir une chapelure grossière. Incorporez le jaune d'œuf puis versez progressivement le babeurre en travaillant les ingrédients à la cuillère pour obtenir une pâte collante. Répartissez cette pâte sur les prunes. Saupoudrez de noisettes grillées.

4 Faites cuire 30 minutes au four. Quand le dessus est bien doré, retirez du four et saupoudrez de sucre glace. Servez chaud ou tiède.

Biscuits aux amandes

Pour 25 biscuits

PRÉPARATION 30 MINUTES • CUISSON 15 MINUTES

375 g d'amandes en poudre
220 g de sucre en poudre
1/4 c. c. d'extrait d'amande
3 blancs d'œufs légèrement battus
80 g d'amandes effilées

1 Préchauffez le four à 180 °C. Graissez légèrement une plaque de cuisson.

2 Mélangez les amandes en poudre, le sucre et l'extrait d'amande dans un récipient. Ajoutez les blancs d'œufs pour obtenir une pâte épaisse. Formez de petits croissants de pâte de 8 cm de long et garnissez-les d'amandes effilées.

3 Disposez ces croissants en une seule couche sur la plaque de cuisson et faites-les cuire 15 minutes au four.

Hiver

Pavés aux dattes, sauce caramel
Pour 20 pavés
PRÉPARATION 20 MINUTES • CUISSON 55 MINUTES

650 g de dattes séchées dénoyautées
750 ml d'eau chaude
2 c. c. de bicarbonate de soude
185 g de beurre en dés
500 g de sucre roux
6 œufs
450 de farine avec levure incorporée
60 g de noix grossièrement hachées
60 g de noix de pécan grossièrement hachées

Sauce caramel
450 g de sucre roux
500 ml de crème fraîche épaisse
250 g de beurre en dés

1 Préchauffez le four à 180 °C. Graissez un moule à gâteau rectangulaire. Garnissez le fond et les grands côtés de papier sulfurisé en laissant celui-ci dépasser de 5 cm.

2 Mélangez les dattes et l'eau dans une casserole. Portez à ébullition. Retirez du feu et incorporez le bicarbonate de soude. Laissez reposer 5 minutes. Mixez ce mélange.

3 Fouettez le beurre et le sucre pour obtenir un mélange mousseux. Ajoutez les œufs un à un sans cesser de battre. Incorporez ensuite la purée de dattes puis la farine. Versez la pâte obtenue dans le moule et saupoudrez de noix et de noix de pécan. Faites cuire 50 minutes au four.

4 Sortez le gâteau du four et laissez reposer 10 minutes avant de le démouler sur une grille métal.

5 Préparez la sauce caramel et versez-en un tiers sur le gâteau encore chaud. Laissez tiédir puis coupez ce dernier en 20 pavés. Servez avec le reste de sauce dans une saucière.

Sauce caramel Faites chauffer tous les ingrédients dans une casserole en remuant régulièrement. Quand tout le sucre est dissous, portez à ébullition. Baissez le feu et laissez frémir 3 minutes.

ASTUCE
Vous pouvez congeler ce gâteau pour le conserver. Passez-le 20 minutes au four (160 °C) pour le décongeler après l'avoir enveloppé d'une feuille d'alu. Réchauffez la sauce caramel au micro-ondes.

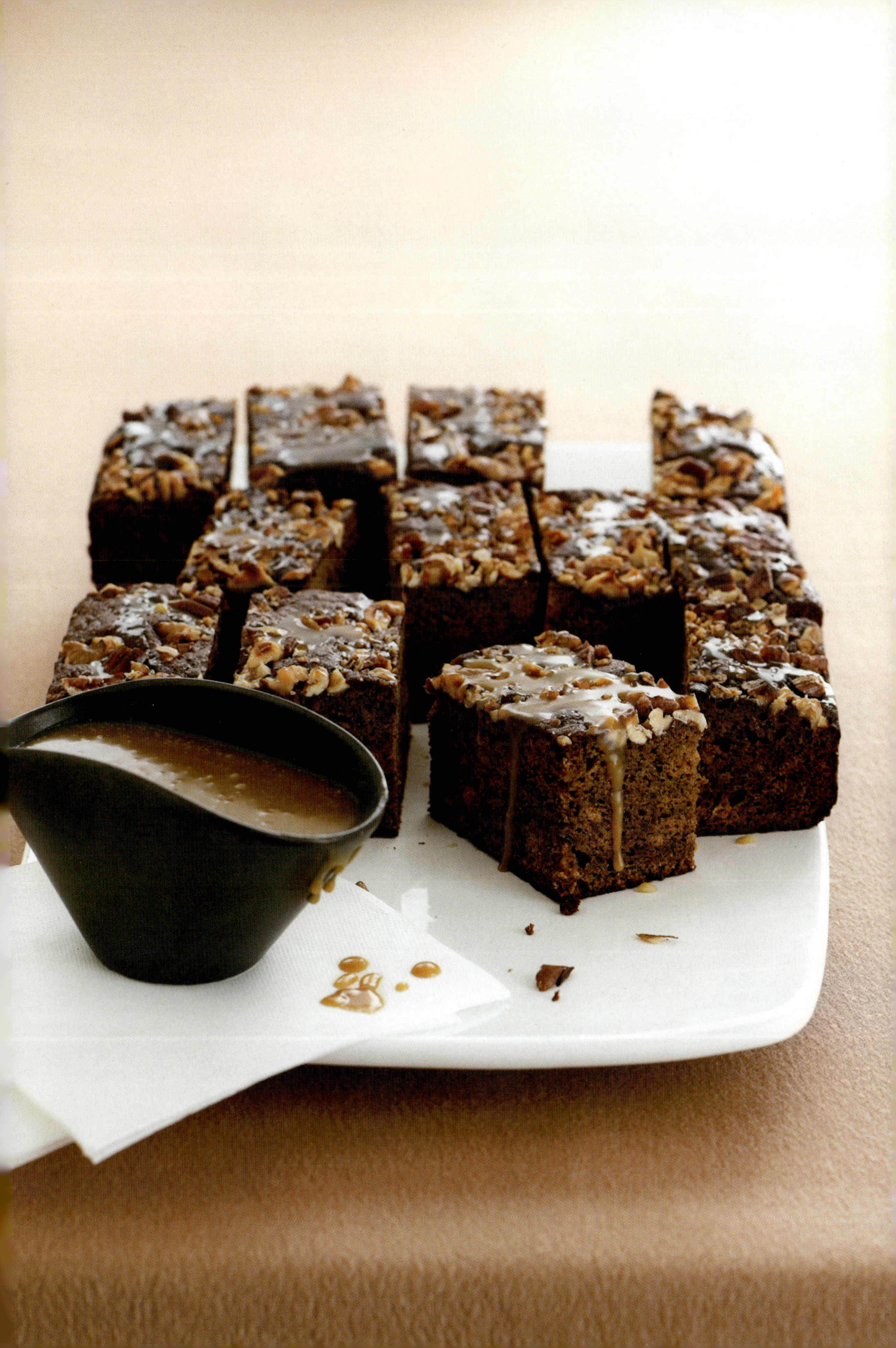

Hiver

Crème au chocolat

Pour 8 personnes

PRÉPARATION 15 MINUTES • CUISSON 5 MINUTES • RÉFRIGÉRATION 2 HEURES

300 g de chocolat noir en morceaux
50 g de beurre
3 œufs, blancs et jaunes séparés
1 c. s. de crème de whisky
55 g de sucre en poudre
300 ml de crème fraîche épaisse fouettée

1 Mettez le chocolat et le beurre dans une casserole. Faites fondre le mélange à feu très doux, en remuant sans cesse. Retirez du feu.

2 Incorporez les jaunes d'œufs un par un, puis la crème de whisky. Versez ce mélange dans un récipient et laissez refroidir.

3 Battez les œufs en neige ferme en ajoutant le sucre cuillerée par cuillerée. Incorporez la crème fouettée au mélange chocolaté puis ajoutez les blancs en neige en deux fois. Répartissez la crème dans des coupes, couvrez et réfrigérez 2 heures.

Astuces
• Cette crème au chocolat sera meilleure si vous la préparez la veille.
• Faites fondre le beurre et le chocolat au micro-ondes pour gagner du temps.

Gulab Jaman

Pour 24 pièces

PRÉPARATION 20 MINUTES • CUISSON 15 MINUTES • REPOS 1 HEURE

Cette recette est une adaptation d'un dessert indien traditionnel.

440 g de sucre en poudre
500 ml d'eau
8 graines de cardamome écrasées
2 bâtons de cannelle
3 étoiles d'anis
1 c. c. d'eau de rose
75 g de farine avec levure incorporée
25 g de lait en poudre
125 g de fromage frais
24 gros raisins secs
de l'huile végétale pour la friture

1. Faites chauffer le sucre, l'eau, la cardamome, la cannelle et l'anis étoilé dans une casserole. Quand le sucre est dissous, portez à ébullition. Laissez bouillir 5 minutes sans remuer puis retirez la casserole du feu pour ajouter l'eau de rose. Laissez refroidir ce sirop.

2. Mélangez la farine, le lait en poudre et le fromage dans un récipient. Lissez la pâte avec une cuillère en bois puis renversez-la sur un plan de travail fariné. Pétrissez-la 10 minutes. Formez 24 boules de pâte et introduisez un grain de raisin au centre.

3. Faites chauffer l'huile dans une friteuse ou dans un wok et faites frire les boules en plusieurs fournées, jusqu'à ce qu'elles soient dorées. Mettez-les ensuite dans le sirop à l'eau de rose et laissez reposer 1 heure avant de servir.

Hiver

Diplomate à l'italienne

Pour 10 personnes

PRÉPARATION 30 MINUTES • CUISSON 5 MINUTES • RÉFRIGÉRATION 12 HEURES

60 ml d'eau
125 ml de jus de citron
275 g de sucre en poudre
80 ml de limoncello (liqueur au citron)
200 g de ricotta
250 g de mascarpone
150 g de figues confites en morceaux
110 g de noisettes grillées en morceaux
100 g de chocolat noir en morceaux
100 g de chocolat noir fondu
600 ml de crème fraîche épaisse
250 g de biscuits à la cuillère
du cacao en poudre pour décorer

1. Faites chauffer l'eau, le jus de citron et 200 g de sucre dans une casserole. Quand tout le sucre est dissous, portez à ébullition et laissez épaissir 2 minutes à feu vif. Retirez du feu et versez le limoncello. Laissez refroidir complètement.

2. Fouettez la ricotta et le reste du sucre pour obtenir une crème légère puis incorporez le mascarpone sans cesser de fouetter. Ajoutez les figues, les noisettes et le chocolat en morceaux. Transférez la moitié de ce mélange dans un récipient et incorporez le chocolat fondu.

3. Fouettez la crème jusqu'à ce que de petits pics se forment à la surface puis répartissez-la dans les deux préparations à la ricotta.

4. Versez le sirop au citron dans une assiette creuse puis faites-y tremper les biscuits (procédez en deux fois pour éviter que les biscuits ne soient trop ramollis). Garnissez un plat rectangulaire en alternant une couche de biscuits, une couche de mélange ricotta-chocolat fondu et une couche de ricotta. Répétez l'opération en terminant par une couche de ricotta. Couvrez et réfrigérez une nuit entière. Sortez le diplomate 30 minutes avant de servir et saupoudrez-le de cacao.

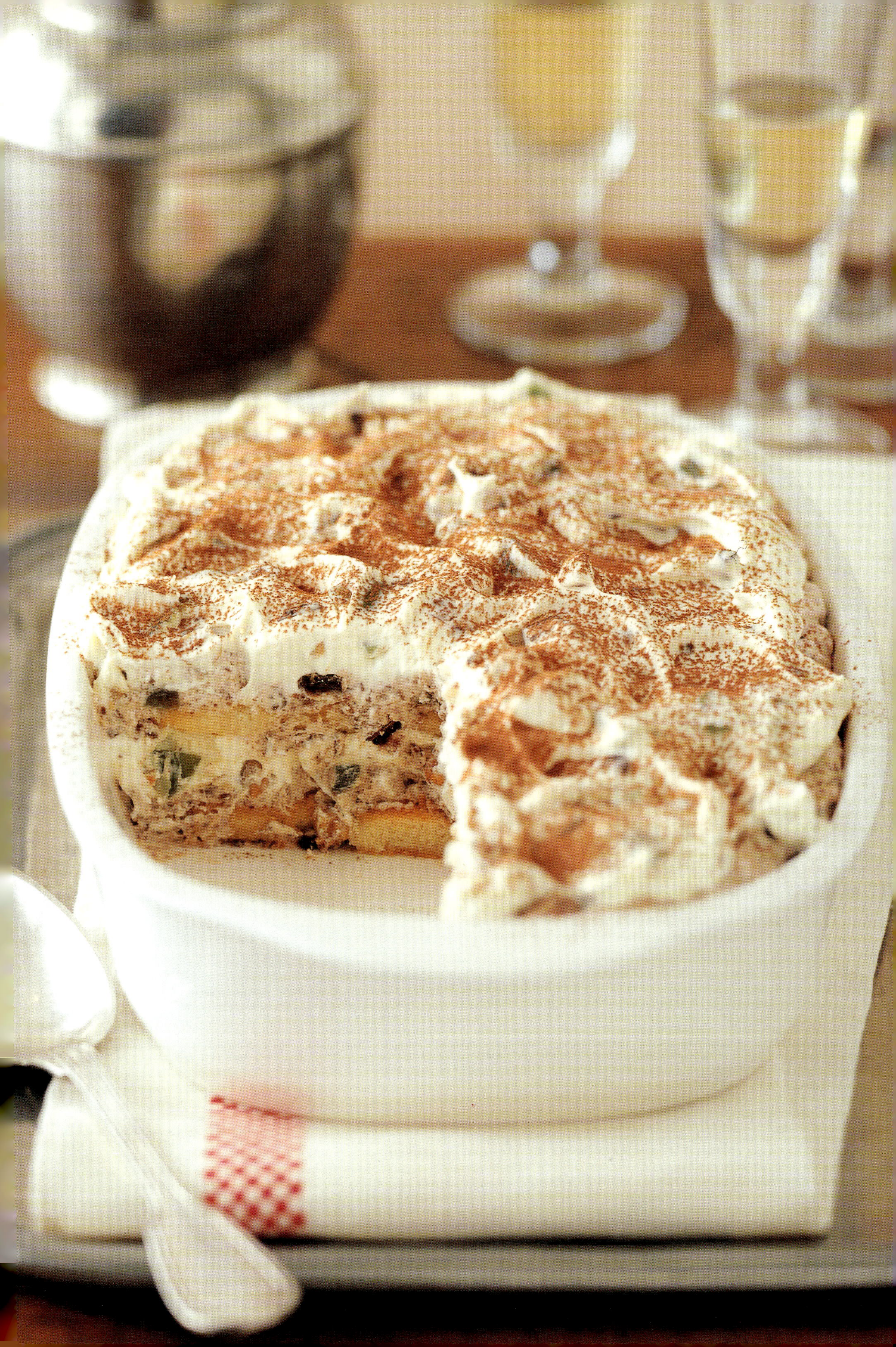

Charlottes aux poires et coulis de figues

Pour 4 personnes

PRÉPARATION 20 MINUTES • CUISSON 45 MINUTES

5 poires
220 g de sucre roux
1 bâton de cannelle
250 ml d'eau
16 tranches de pain de mie rassis
90 g de beurre fondu
4 figues séchées
60 ml de brandy

1. Préchauffez le four à 200 °C. Beurrez quatre ramequins.

2. Pelez les poires et épépinez-les. Coupez-les en gros morceaux. Mettez-les dans une casserole avec le sucre, la cannelle et l'eau. Portez à ébullition puis baissez le feu et laissez frémir 10 minutes. Quand les poires sont tendres, égouttez-les. Réservez le sirop à la cannelle.

3. Coupez huit disques dans les tranches de pain de mie. Ôtez la croûte des tranches restantes et recoupez-les en trois bandes de 3 cm de large. Recoupez chaque bande en deux.

4. Mélangez dans un récipient le beurre et 2 cuillerées à soupe de sirop réservé. Badigeonnez-en les morceaux de pain de mie sur une seule face. Tapissez le fond et les parois de pain de mie (un disque pour le fond et les bandes sur les côtés, en les faisant se chevaucher), face beurrée en contact avec le moule. Garnissez l'intérieur de poires cuites et couvrez avec les disques de pain restants, face beurrée vers le haut. Faites cuire 30 minutes au four.

5. Versez 250 ml de sirop à la cannelle dans une casserole et portez à ébullition. Ajoutez les figues, baissez le feu et laissez frémir 5 minutes. Quand le sirop a réduit de moitié, versez le brandy et laissez frémir 3 minutes. Démoulez les charlottes aux poires sur les assiettes de service et couronnez-les de figues au sirop.

Génoise à la rhubarbe et aux poires

Pour 6 personnes

PRÉPARATION 15 MINUTES • CUISSON 50 MINUTES

825 g de poires au sirop
800 g de rhubarbe coupée en tronçons de 4 cm
100 g de sucre en poudre
2 œufs
2 c. s. de farine
2 c. s. de farine avec levure incorporée
2 c. s. de Maïzena

1. Préchauffez le four à 180 °C.
2. Égouttez les poires. Réservez 180 ml de jus et mettez-le dans une casserole avec la rhubarbe et 2 cuillerées à soupe de sucre. Laissez cuire 5 minutes en remuant régulièrement. La rhubarbe doit être juste tendre. Ajoutez les poires puis transférez le mélange dans un plat profond allant au four.
3. Fouettez les œufs jusqu'à ce qu'ils moussent puis incorporez le reste du sucre cuillerée par cuillerée, sans cesser de battre. Incorporez délicatement les farines et la Maïzena.
4. Couvrez de ce mélange les fruits chauds et faites cuire 45 minutes au four. Retirez du four quand la pâte est dorée et les fruits bien cuits.

Hiver

Cheesecake au chocolat et aux cerises

Pour 12 personnes

PRÉPARATION 40 MINUTES • CUISSON 1 H 10 • RÉFRIGÉRATION 12 HEURES

250 g de petits-beurre
125 g de beurre fondu
680 g de cerises au sirop
750 g de fromage frais
3 œufs
180 g de crème fraîche
60 ml de jus de citron
385 g de sucre en poudre
50 g de chocolat noir fondu
25 g de cacao

1 Préchauffez le four à 150 °C. Beurrez un moule à charnière.

2 Mixez les petits-beurre pour obtenir une chapelure fine puis incorporez le beurre en travaillant le mélange avec les doigts. Pressez cette pâte au fond du moule et sur les parois, sur 5 cm de hauteur. Faites raffermir 30 minutes au réfrigérateur.

3 Égouttez les cerises et réservez 250 ml de jus. Fouettez le fromage blanc, les œufs, la crème, le jus de citron et 200 g de sucre dans un récipient jusqu'à obtention d'un mélange homogène. Divisez la préparation en deux. Dans l'une, incorporez le chocolat fondu et le cacao.

4 Versez les deux préparations dans le moule en les mélangeant à peine pour obtenir un effet marbré. Décorez la surface du gâteau avec un tiers des cerises coupées en deux. Laissez cuire 1 heure au four. Éteignez le four et laissez refroidir le cheesecake à l'intérieur en entrouvrant la porte. Couvrez et réfrigérez une nuit entière. Sortez-le à température ambiante 30 minutes avant de servir.

5 Versez le jus de cerise réservé dans une casserole, ajoutez le reste du sucre et faites chauffer à feu doux. Quand le sucre est dissous, laissez bouillir 5 minutes sans remuer. Ajoutez les cerises restantes et versez ce mélange dans un récipient. Laissez refroidir 10 minutes. Servez le cheesecake avec la sauce aux cerises tiède.

Astuce
Trempez la lame d'un couteau dans l'eau chaude pour couper le cheesecake.

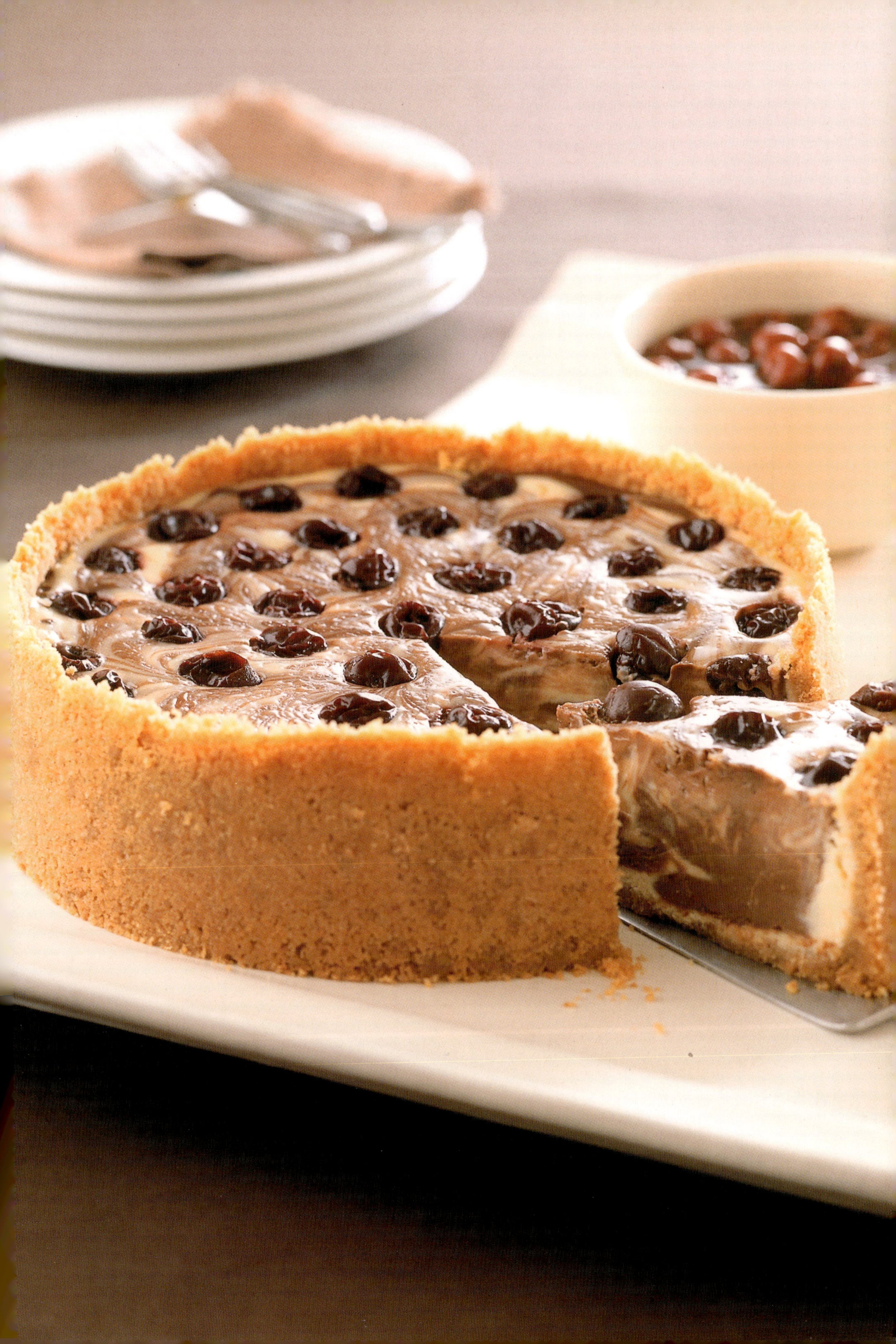

Desserts express

Tarte aux poires

Pour 4 personnes

PRÉPARATION 10 MINUTES • CUISSON 20 MINUTES

**1 rouleau de pâte feuilletée
1 œuf légèrement battu
825 g de poires au sirop
1 c. s. de sirop d'érable
30 g de beurre fondu
un peu de sucre glace**

1 Préchauffez le four à 200 °C. Beurrez une plaque de cuisson.

2 Découpez deux grands rectangles dans la pâte feuilletée et disposez-les sur la plaque de cuisson, à 2 cm d'intervalle. Badigeonnez-les d'œuf battu.

3 Disposez trois moitiés de poire sur chaque rectangle de pâte. Badigeonnez les fruits avec le sirop d'érable et le beurre fondu mélangés. Faites cuire 20 minutes au four, jusqu'à ce que les poires soient dorées. Saupoudrez de sucre glace.

ASTUCE
Servez cette tarte tiède avec une glace à la vanille ou de la crème fouettée.

Mandarines caramélisées et glace à la vanille

Pour 4 personnes

PRÉPARATION 10 MINUTES • CUISSON 10 MINUTES

**50 g de beurre
75 g de sucre roux
5 mandarines pelées et détaillées en quartiers
1 litre de glace à la vanille**

1 Faites fondre le beurre dans une casserole puis ajoutez le sucre et les quartiers de mandarine. Laissez frémir jusqu'à ce que les mandarines soient juste tendres.

2 Répartissez la glace dans des coupelles et garnissez de quartiers de mandarine. Nappez de sauce caramel. Servez aussitôt.

ASTUCE
Servez ce dessert avec des tuiles aux amandes.

Prunes gratinées à la crème

Pour 4 personnes

PRÉPARATION 5 MINUTES • CUISSON 5 MINUTES

825 g de prunes au sirop
120 g de crème fraîche
120 g de yaourt bulgare
1 c. s. de miel liquide
75 g de sucre roux

1 Égouttez les prunes (réservez le jus pour un autre usage) et coupez-les en deux. Jetez les noyaux. Disposez les prunes en une seule couche dans des ramequins plats.

2 Mélangez la crème, le yaourt, le miel et 2 cuillerées à soupe de sucre dans un récipient. Répartissez ce mélange sur les prunes et saupoudrez le dessus avec le reste du sucre. Faites gratiner sous le gril du four jusqu'à ce que le dessus soit presque caramélisé. Servez aussitôt.

Fondue au Toblerone

Pour 4 personnes

PRÉPARATION 5 MINUTES • CUISSON 5 MINUTES

200 g de Toblerone en morceaux
125 ml de crème fraîche épaisse
1 c. s. de liqueur de café

1 Mettez le Toblerone et la crème dans une casserole puis faites chauffer à feu doux. Retirez la casserole du feu quand le chocolat est complètement fondu et versez la liqueur de café. Remuez délicatement.

2 Versez la sauce au chocolat dans un récipient. Dégustez aussitôt avec des fruits frais et des biscuits aux amandes ou aux écorces d'orange.

Été

Panna cotta aux fruits rouges

Pour 4 personnes

PRÉPARATION 20 MINUTES • CUISSON 15 MINUTES • RÉFRIGÉRATION 5 HEURES

120 g de framboises
1/2 c. c. de gélatine en poudre
2 c. c. de sucre en poudre
1 c. s. de jus de citron
80 ml de sirop d'airelles (épiceries fines)

Panna cotta
160 ml de lait
300 ml de crème fraîche épaisse
2 c. c. de gélatine en poudre
55 g de sucre en poudre
1 c. c. d'extrait de vanille

1. Beurrez quatre petits moules en métal. Déposez quatre framboises fraîches au fond de chacun d'eux.
2. Saupoudrez le sucre et la gélatine sur le jus de citron et le sirop d'airelles mélangés. Faites chauffer le tout au bain-marie jusqu'à ce que la gélatine soit dissoute.
3. Répartissez le mélange dans les moules et réfrigérez 2 heures, jusqu'à ce que la gélatine soit prise.
4. Pendant ce temps, préparez la crème des panna cotta (voir ci-dessous). Versez-la ensuite dans les moules. Couvrez et remettez 3 heures au réfrigérateur.
5. Démoulez les panna cotta sur des assiettes à dessert. Garnissez de framboises fraîches et servez aussitôt.

Panna cotta Saupoudrez le sucre et la gélatine sur le lait et la crème mélangés. Faites chauffer le tout au bain-marie jusqu'à ce que la gélatine soit dissoute. Ajoutez l'extrait de vanille. Laissez refroidir à température ambiante.

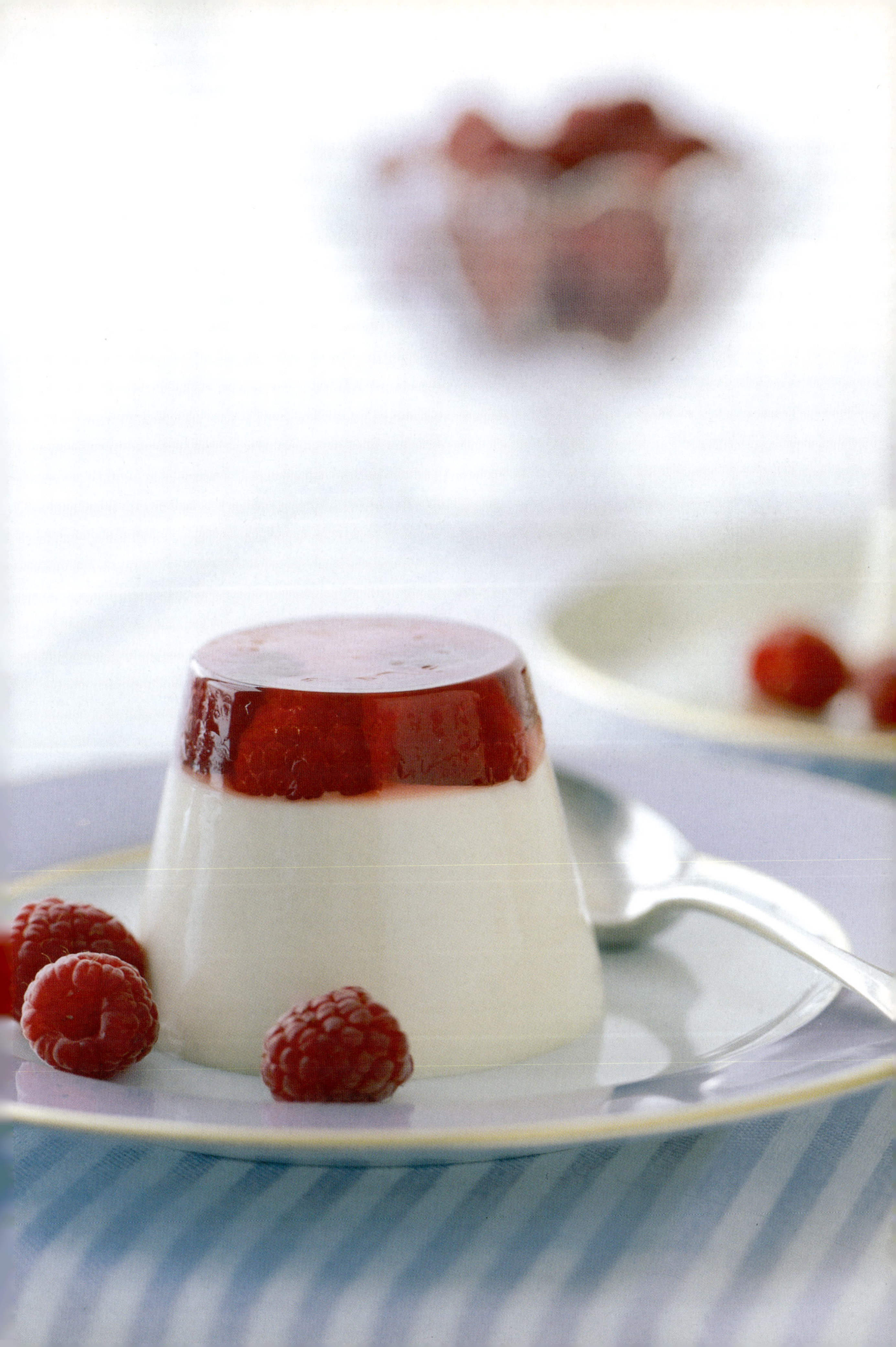

Été

Bombe glacée à la mangue

Pour 6 personnes

PRÉPARATION 20 MINUTES • CONGÉLATION 2 HEURES • CUISSON 3 MINUTES

2 litres de crème glacée à la mangue
60 ml de jus d'orange
2 c. s. de liqueur d'orange
1 génoise ronde de 16 cm
**1 mangue épluchée
et détaillée en tranches fines**
4 blancs d'œufs
220 g de sucre en poudre

1. Sortez la crème glacée au moins 30 minutes à température ambiante pour la faire ramollir. Pendant ce temps, garnissez de film alimentaire un moule de 15 cm de diamètre en le faisant dépasser sur les côtés. Étalez la crème glacée à la mangue au fond du moule et congelez 2 heures.

2. Préchauffez le four en position gril.

3. Mélangez le jus d'orange et la liqueur. Coupez le dessus bombé de la génoise pour obtenir une surface bien plane puis recoupez la base en deux dans la hauteur. Posez la moitié inférieure sur une plaque de cuisson légèrement beurrée et badigeonnez-la de jus d'orange. Garnissez de tranches de mangue et couvrez avec la seconde moitié de la génoise, elle-même badigeonnée de jus d'orange.

4. Démoulez la glace à la mangue sur la génoise puis recoupez les bords de cette dernière pour que son diamètre soit égal à celui de la glace. Travaillez la glace pour lui donner une forme légèrement bombée. Remettez le tout au congélateur.

5. Battez les œufs en neige ferme en incorporant le sucre cuillerée par cuillerée. Quand la meringue est prête, étalez-la sur la bombe glacée en l'enveloppant complètement. Passez la bombe 3 minutes sous le gril du four pour que la meringue dore légèrement. Servez aussitôt.

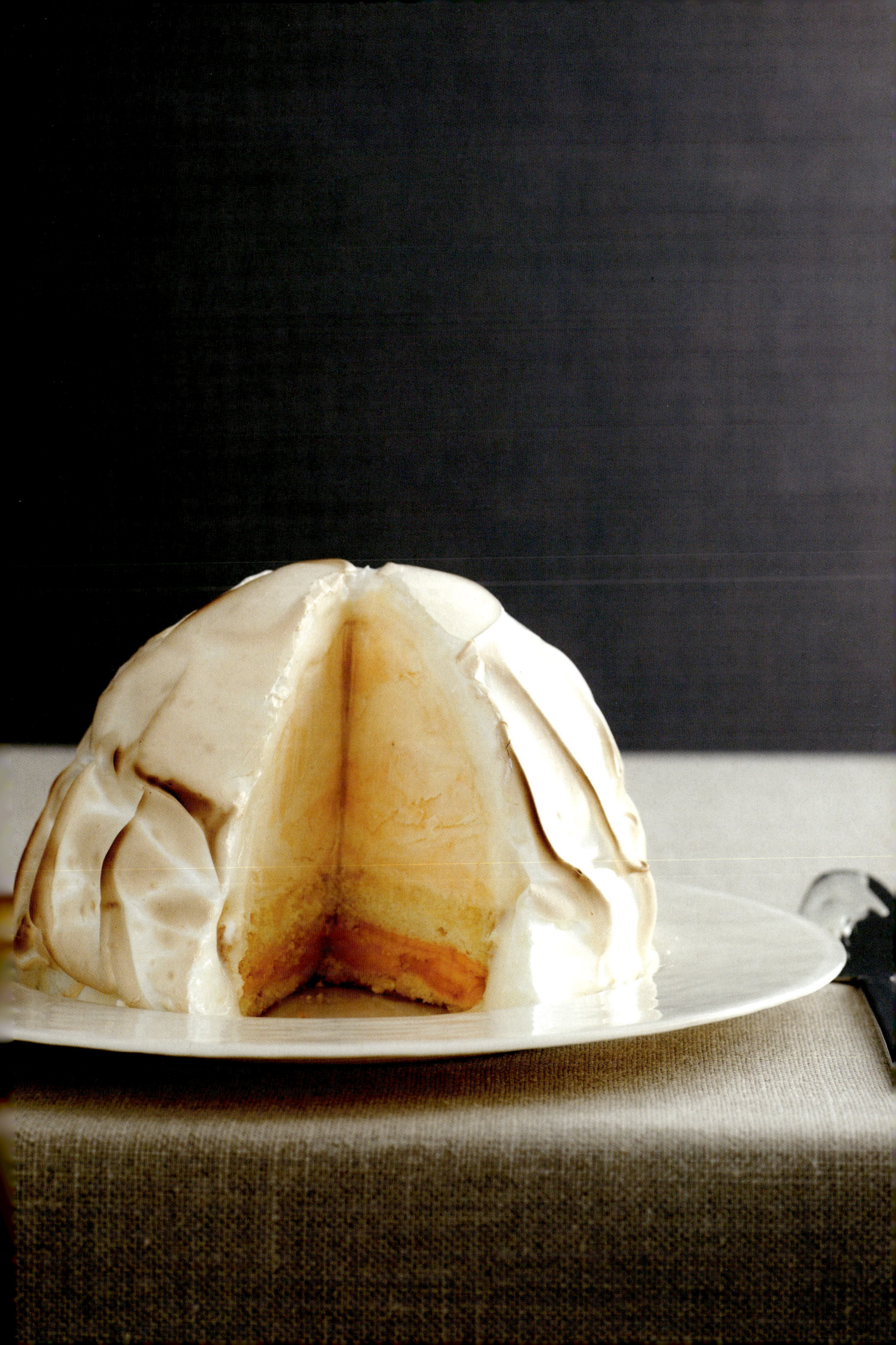

Été

Diplomate aux pêches et aux framboises

Pour 10 personnes

PRÉPARATION 30 MINUTES • RÉFRIGÉRATION 2 HEURES • CUISSON 10 MINUTES

10 cl de sirop de framboise
500 ml d'eau
2 feuilles de gélatine
250 g de génoise
2 c. s. de confiture de framboise
125 ml de liqueur de cerise
30 de préparation pour crème anglaise
55 g de sucre en poudre
375 ml de lait
1 c. c. d'extrait de vanille
300 ml de crème fraîche épaisse
825 g de pêches au sirop égouttées
2 c. s. d'amandes effilées

1 Mélangez le sirop de framboise et l'eau dans un récipient puis faites dissoudre les feuilles de gélatine dedans. Mettez au réfrigérateur pour faire prendre légèrement la gelée (elle doit avoir la consistance d'un blanc d'œuf).

2 Coupez la génoise en deux dans la hauteur puis étalez la confiture de framboise sur chacune des moitiés. Détaillez-les en petits pavés de 3 cm de côté et mettez-les dans une grande coupe. Arrosez de liqueur de cerise.

3 Mélangez la préparation pour crème anglaise et le sucre dans une casserole. Versez progressivement le lait en remuant régulièrement puis portez à ébullition. Quand le mélange a épaissi, retirez la casserole du feu et ajoutez l'extrait de vanille ainsi que la moitié de la crème. Couvrez de film alimentaire et laissez refroidir à température ambiante.

4 Sortez la gelée de framboise du réfrigérateur et versez-la sur les dés de génoise. Remettez au réfrigérateur.

5 Quand la gelée est bien prise, ajoutez dans la coupe les pêches coupées en deux puis la crème anglaise. Fouettez le reste de la crème fraîche et nappez-en le diplomate. Réfrigérez 2 heures au moins. Saupoudrez d'amandes effilées au moment de servir.

Astuces
• Vous pouvez préparer ce diplomate la veille.
• N'hésitez pas à faire griller les amandes pour rehausser leur saveur.

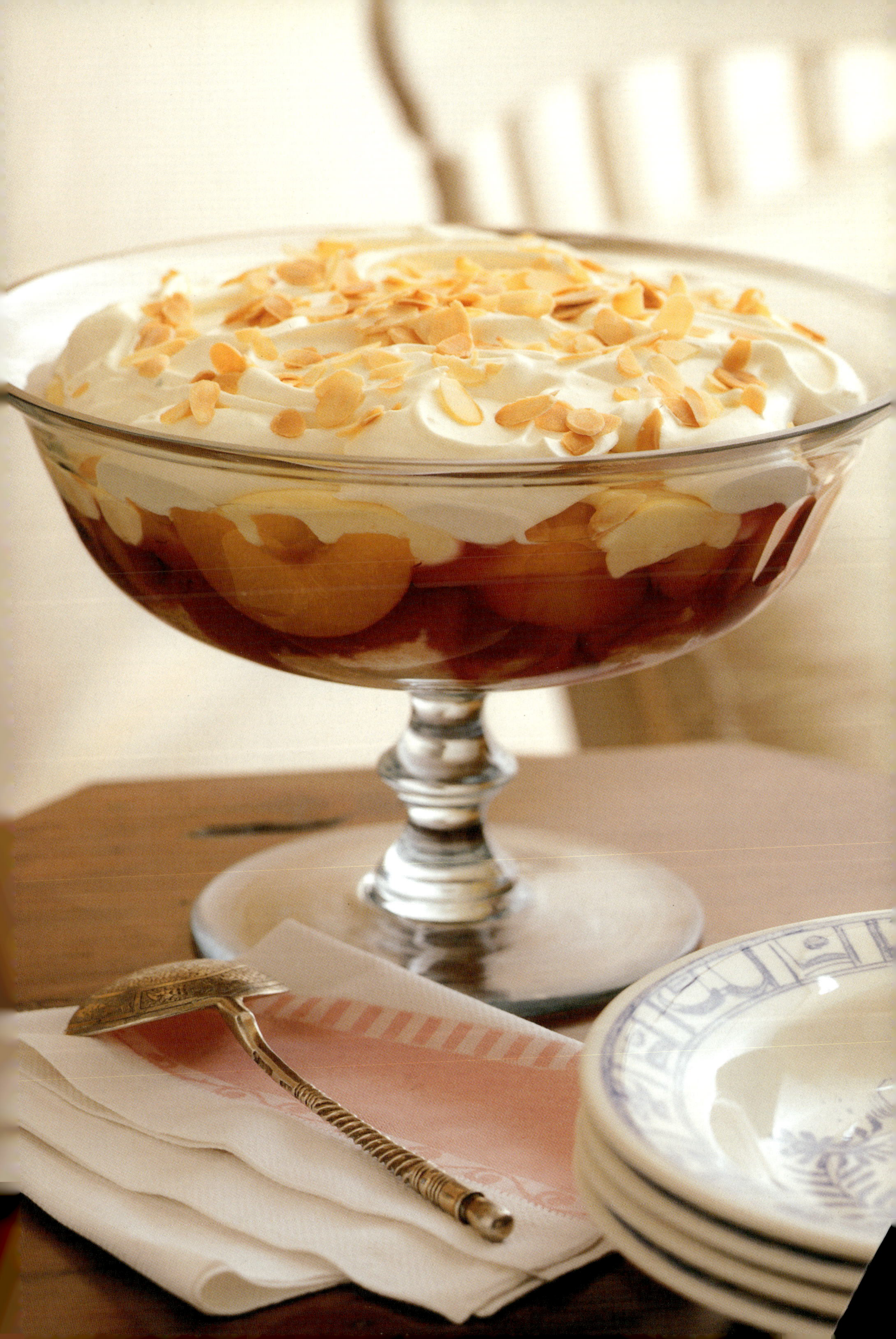

Été

Macarons à la crème et aux fraises

Pour 12 pièces

PRÉPARATION 25 MINUTES • CUISSON 8 MINUTES

**2 œufs
75 g de sucre en poudre
2 c. s. de Maïzena
2 c. s. de farine ordinaire
2 c. s. de farine avec levure incorporée
160 ml de crème fraîche épaisse
55 g de sucre glace
250 g de fraises coupées en petits morceaux**

1 Préchauffez le four à 180 °C. Beurrez 12 petits moules.

2 Battez les œufs dans un récipient. Quand ils sont mousseux, incorporez progressivement le sucre sans cesser de battre. Tamisez la Maïzena et les deux farines sur une feuille de papier sulfurisé avant de les incorporer aux œufs battus.

3 Répartissez la pâte dans les moules et faites cuire 8 minutes au four. Dès que la pâte est dorée, sortez les gâteaux du four et démoulez-les sur une grille. Laissez refroidir à température ambiante.

4 Mettez la crème 10 minutes au congélateur pour qu'elle soit bien froide puis fouettez-la avec la moitié du sucre glace jusqu'à ce qu'elle soit mousseuse, avec des petits pics à la surface. Incorporez alors les fraises.

5 Étalez de la crème aux fraises sur la moitié des gâteaux (sur la face plane) et placez dessus les gâteaux restants. Saupoudrez-les de sucre glace et présentez-les sur un plat de service. Dégustez aussitôt.

Astuce

Vous pouvez faire cuire les gâteaux un jour à l'avance mais garnissez-les au dernier moment pour éviter que la crème ne détrempe la pâte.

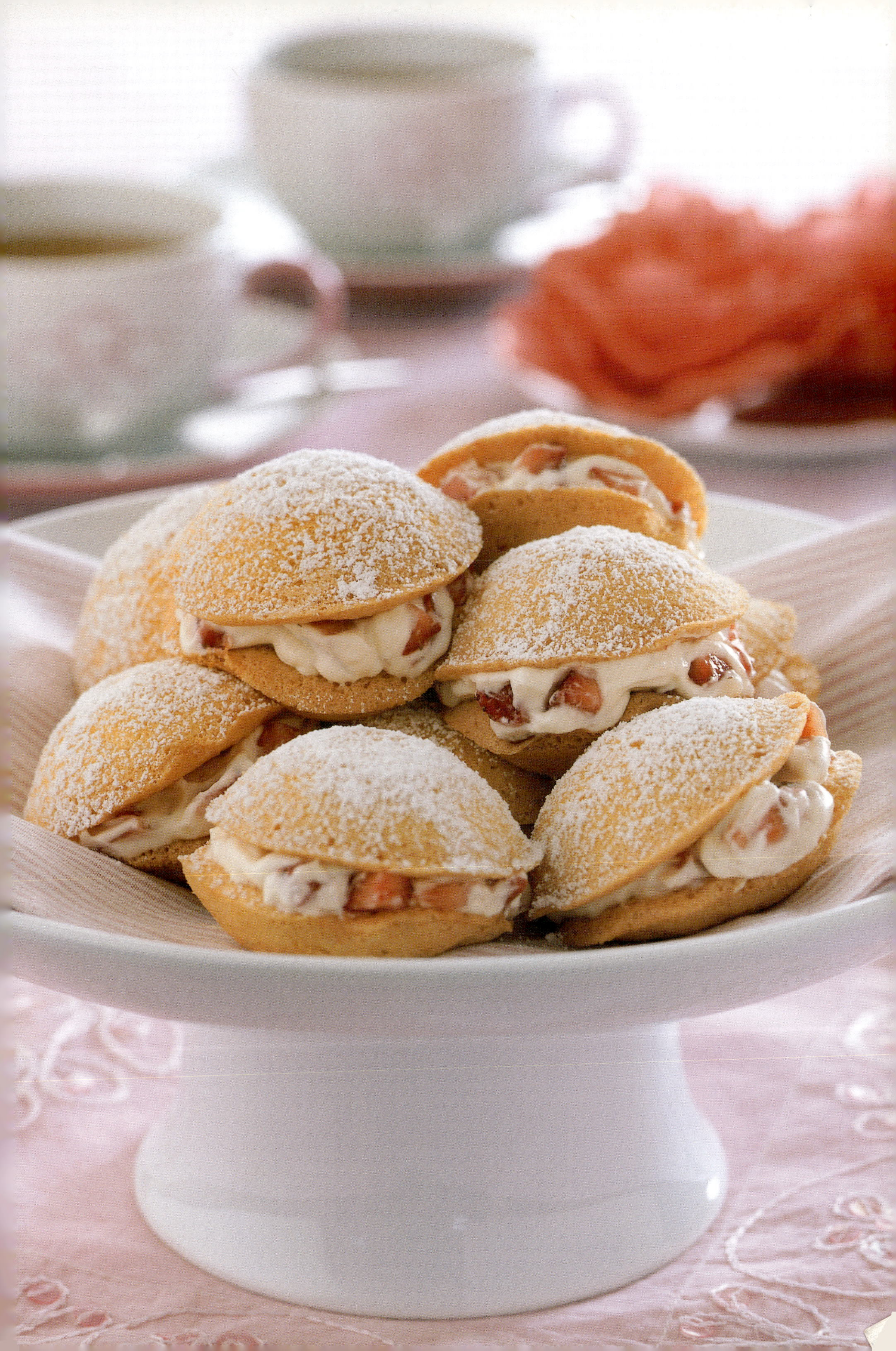

Été

Sorbet exotique et mangues grillées

Pour 4 personnes

PRÉPARATION 30 MINUTES • CUISSON 25 MINUTES • CONGÉLATION 15 HEURES ENVIRON

**6 fruits de la passion mixés
250 ml d'eau
110 g de sucre en poudre
1 grosse mangue coupée en morceaux
+ 4 petites mangues entières
2 c. s. de liqueur d'orange
3 blancs d'œufs
2 c. s. de sucre roux
1 citron vert coupé en huit**

1. Passez les fruits de la passion mixés dans un tamis fin ; réservez les pépins.
2. Faites dissoudre le sucre dans l'eau à feu moyen puis portez à ébullition. Dès les premiers bouillons, baissez le feu et laissez frémir 10 minutes sans remuer, pour faire épaissir le sirop. Laissez refroidir.
3. Mixez les morceaux de mangue, transférez-les dans un récipient et ajoutez les fruits de la passion mixés, le sirop de sucre et la liqueur d'orange. Étalez le mélange dans un moule rectangulaire en plastique ou en métal et congelez au moins 3 heures. Le sorbet doit être juste pris.
4. Battez le sorbet avec les blancs d'œufs pour obtenir une consistance mousseuse puis incorporez 2 cuillerées à soupe de pépins réservés. Remettez le mélange dans le moule, lissez la surface et faites prendre 12 heures au congélateur.
5. Au moment de servir, détaillez les mangues restantes en tranches épaisses puis incisez leur surface en losanges. Saupoudrez-les de sucre roux et faites-les rôtir sous le gril du four, jusqu'à ce que le sucre soit fondu et commence à caraméliser. Disposez deux tranches dans chaque assiette à dessert et garnissez de sorbet. Accompagnez de tranches de citron vert.

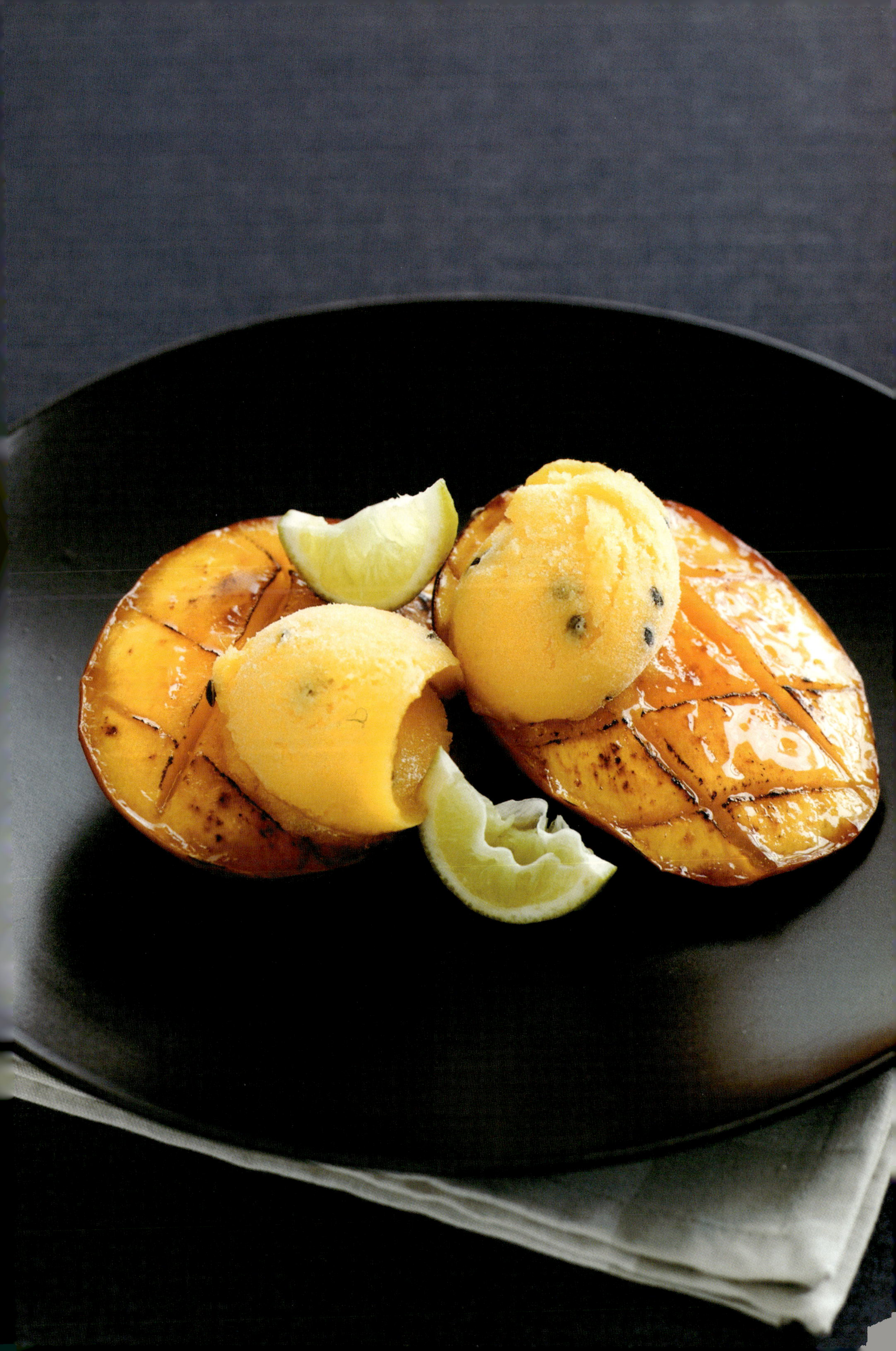

Été

Coupe fraîcheur mangue-citron

Pour 6 personnes

PRÉPARATION 30 MINUTES + RÉFRIGÉRATION • CUISSON 5 MINUTES

200 g de biscuits à la cuillère
2 feuilles de gélatine
3 c. s. de purée de mangue congelée
1 grosse mangue coupée en tranches fines

Mousse au citron
2 œufs, blancs et jaunes séparés
2 jaunes d'œufs
110 g de sucre en poudre
1 c. c. de zeste de citron finement râpé
1/2 feuille de gélatine
60 ml d'eau
1 c. s. de jus de citron
180 ml de crème fouettée

1 Coupez les biscuits en dés de 1 cm. Répartissez-les dans six coupes à dessert.

2 Faites tremper la gélatine dans la quantité d'eau tiède nécessaire (vérifiez les instructions sur l'emballage) puis mélangez le liquide obtenu avec la purée de mangue. Versez la moitié du mélange sur les biscuits et faites-le raffermir au réfrigérateur. Couvrez le reste de la gelée et mettez-le au réfrigérateur jusqu'à ce qu'il ait pris la consistance d'un blanc d'œuf. Pendant ce temps, préparez la mousse au citron.

3 Réservez 6 tranches de mangue ; mixez le reste. Répartissez le reste de la gelée dans les coupes, ajoutez la purée de mangue et couvrez de mousse au citron. Laissez raffermir au réfrigérateur. Au moment de servir, décorez chaque coupe d'une tranche de mangue. Dégustez aussitôt.

Mousse au citron Battez ensemble tous les jaunes d'œufs, la moitié du sucre et le zeste de citron pour obtenir un mélange mousseux. Mettez la gélatine dans l'eau et faites-la fondre au bain-marie, au-dessus d'une casserole d'eau frémissante. Ajoutez le jus de citron puis incorporez ce mélange aux œufs battus. Battez les blancs d'œufs en neige ferme, jusqu'à ce que de petits pics se forment à la surface, puis ajoutez progressivement le sucre sans cesser de battre. Quand le mélange est ferme, incorporez-le à la préparation aux œufs avant d'ajouter la crème fouettée. Remuez délicatement pour que la mousse reste légère.

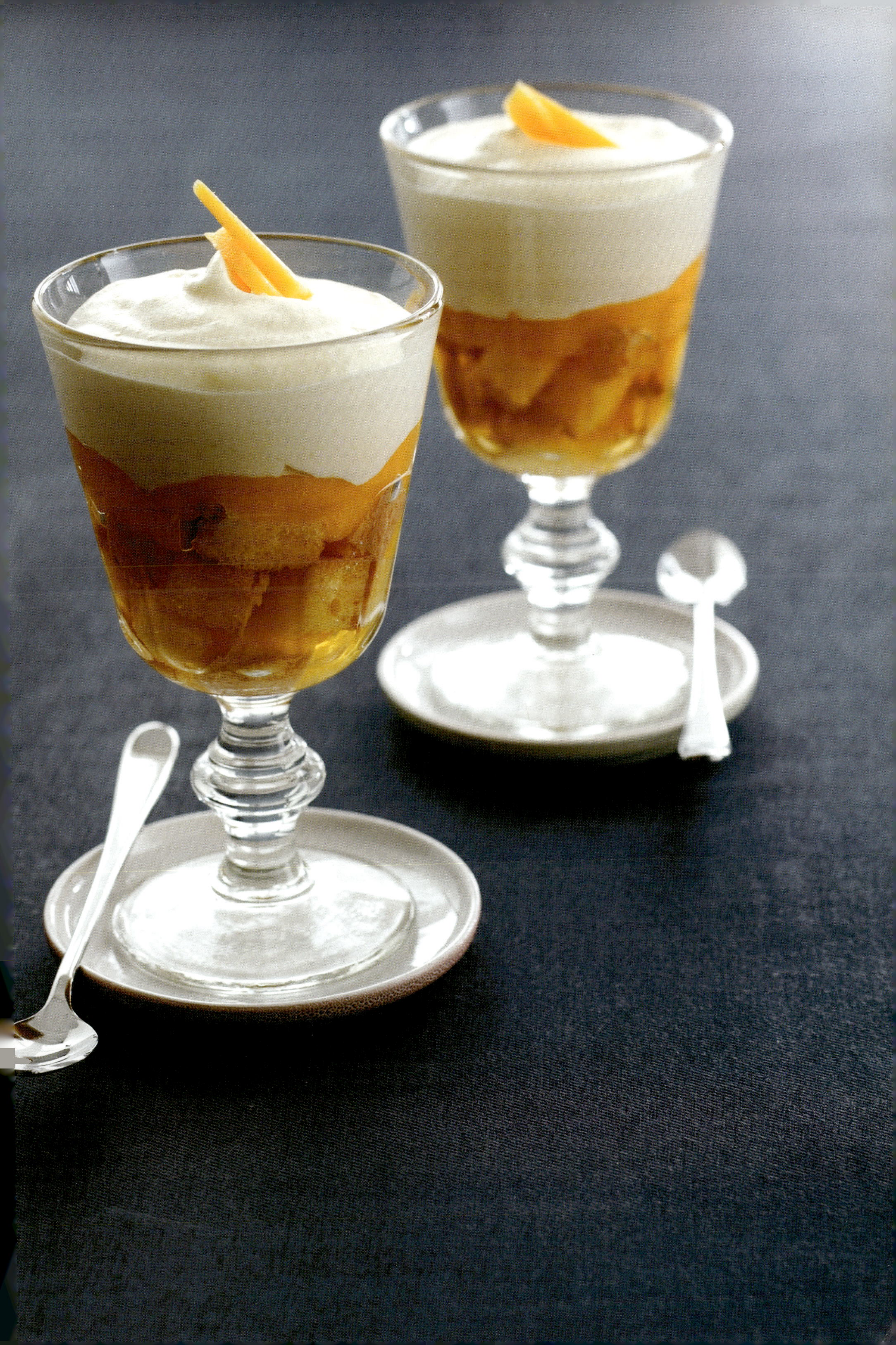

Été

Profiteroles au chocolat

Pour 6 personnes

PRÉPARATION 45 MINUTES • CUISSON 35 MINUTES

La pâte à choux diffère des autres pâtes car elle se prépare en partie à chaud. Si elle n'est pas très difficile à réussir, il faut cependant la travailler vite pour qu'elle puisse bien gonfler.

Pâte à choux
75 g de beurre
180 ml d'eau
110 g de farine
3 œufs

Crème pâtissière
560 ml de lait
1 gousse de vanille fendue en deux
6 jaunes d'œufs
150 g de sucre en poudre
75 g de farine

Sauce au chocolat
100 g de chocolat noir coupé en morceaux
30 g de beurre
80 ml de crème liquide
1 c. s. de liqueur d'orange

Faites cuire la pâte à feu doux jusqu'à ce qu'elle se détache de la casserole.

Incorporez les œufs hors du feu en fouettant vigoureusement.

1. Préparez d'abord la pâte à choux, puis la crème pâtissière et la sauce au chocolat en respectant les temps de repos ou de réfrigération entre les différentes étapes.

2. Remplissez une poche à douille (embout de 1 cm) de crème pâtissière puis fourrez les profiteroles en introduisant la crème par la petite entaille existante. Disposez six profiteroles dans chaque assiette et nappez-les de sauce au chocolat. Servez aussitôt.

Pâte à choux Préchauffez le four à 200 °C. Graissez légèrement deux plaques de cuisson. Faites chauffer le beurre et l'eau dans une casserole. Quand le mélange est à ébullition, incorporez d'un seul coup la farine et battez aussitôt vigoureusement à feu doux, jusqu'à ce que la pâte se détache toute seule des parois de la casserole. Hors du feu, incorporez un à un les œufs, sans cesser de battre énergiquement puis façonnez sans attendre des petits choux (la pâte ne doit pas reposer). Disposez-les sur les plaques de cuisson à 4 cm d'intervalle et faites cuire 7 minutes au four. Quand les choux ont gonflé, réduisez le thermostat à 180 °C et prolongez la cuisson 10 minutes. Faites une petite entaille à la base de chaque chou et faites cuire encore 5 minutes puis retirez du four et laissez refroidir.

Crème pâtissière Mettez le lait et la vanille dans une casserole, portez à ébullition puis retirez aussitôt du feu. Laissez infuser 10 minutes avant de jeter la gousse de vanille. Battez les jaunes d'œufs et le sucre pour obtenir un mélange mousseux. Ajoutez la farine sans cesser de battre puis incorporez progressivement le lait tiédi, toujours en battant régulièrement. Remettez le mélange sur le feu et portez à ébullition, en remuant la crème avec une cuillère en bois. Réduisez le feu et laissez frémir 10 minutes, sans cesser de remuer, puis retirez du feu et laissez refroidir à température ambiante, après avoir posé une feuille de papier sulfurisé directement sur la crème pour empêcher la formation d'une peau. En refroidissant, la crème va épaissir.

Sauce au chocolat Avant de servir, mélangez tous les ingrédients de la sauce dans une casserole et laissez fondre à feu doux, sans cesser de remuer.

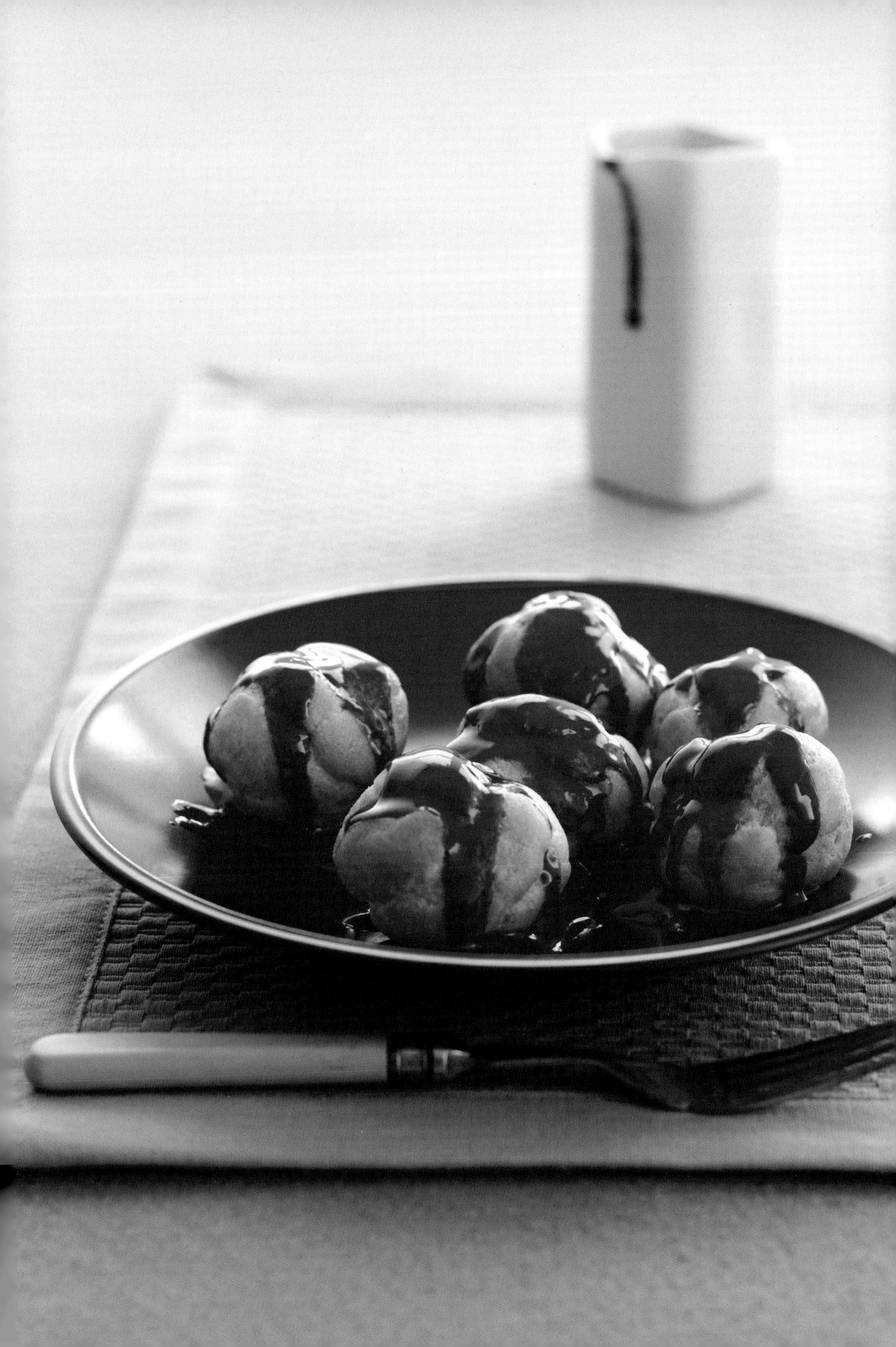

Été

Millefeuille aux fruits rouges

Pour 8 personnes

PRÉPARATION 40 MINUTES • CUISSON 12 MINUTES

2 feuilles de pâte feuilletée
2 c. s. de sucre glace
700 g de fruits rouges mélangés
1 c. s. de sucre glace en supplément
(pour saupoudrer)

Crème fouettée
300 ml de crème fraîche épaisse
300 g de préparation pour crème anglaise
40 g de sucre glace

1 Préchauffez le four à 220 °C. Beurrez une plaque de cuisson.

2 Saupoudrez une feuille de pâte avec la moitié du sucre glace puis couvrez-la avec l'autre feuille de pâte. Découpez dans cette épaisseur seize disques de 6 cm de diamètre.

3 Saupoudrez le plan de travail avec le reste du sucre glace puis disposez dessus les disques de pâte. Aplatissez-les avec la paume de la main (vous devez obtenir 16 ovales de 8 cm sur 10) puis mettez-les sur les plaques de cuisson et faites-les cuire 12 minutes au four, jusqu'à ce qu'ils soient croustillants. En fondant, le sucre glace va caraméliser légèrement.

4 Préparez la crème fouettée.

5 Disposez la moitié des disques de pâte sur les assiettes de service, garnissez de fruits et de crème fouettée puis fermez le millefeuille avec les disques restants. Saupoudrez de sucre glace et servez.

Crème fouettée Mettez la crème 30 minutes au congélateur pour qu'elle soit très froide puis fouettez-la vigoureusement avec la préparation pour crème anglaise et le sucre glace, jusqu'à ce que de petits pics se forment à la surface. Réfrigérez 30 minutes avant d'en garnir les millefeuilles.

ASTUCES
• Vous pouvez préparer ce dessert la veille et l'assembler seulement au moment de servir.
• Conservez les disques de pâte croustillants dans un récipient hermétique et gardez la crème au réfrigérateur.

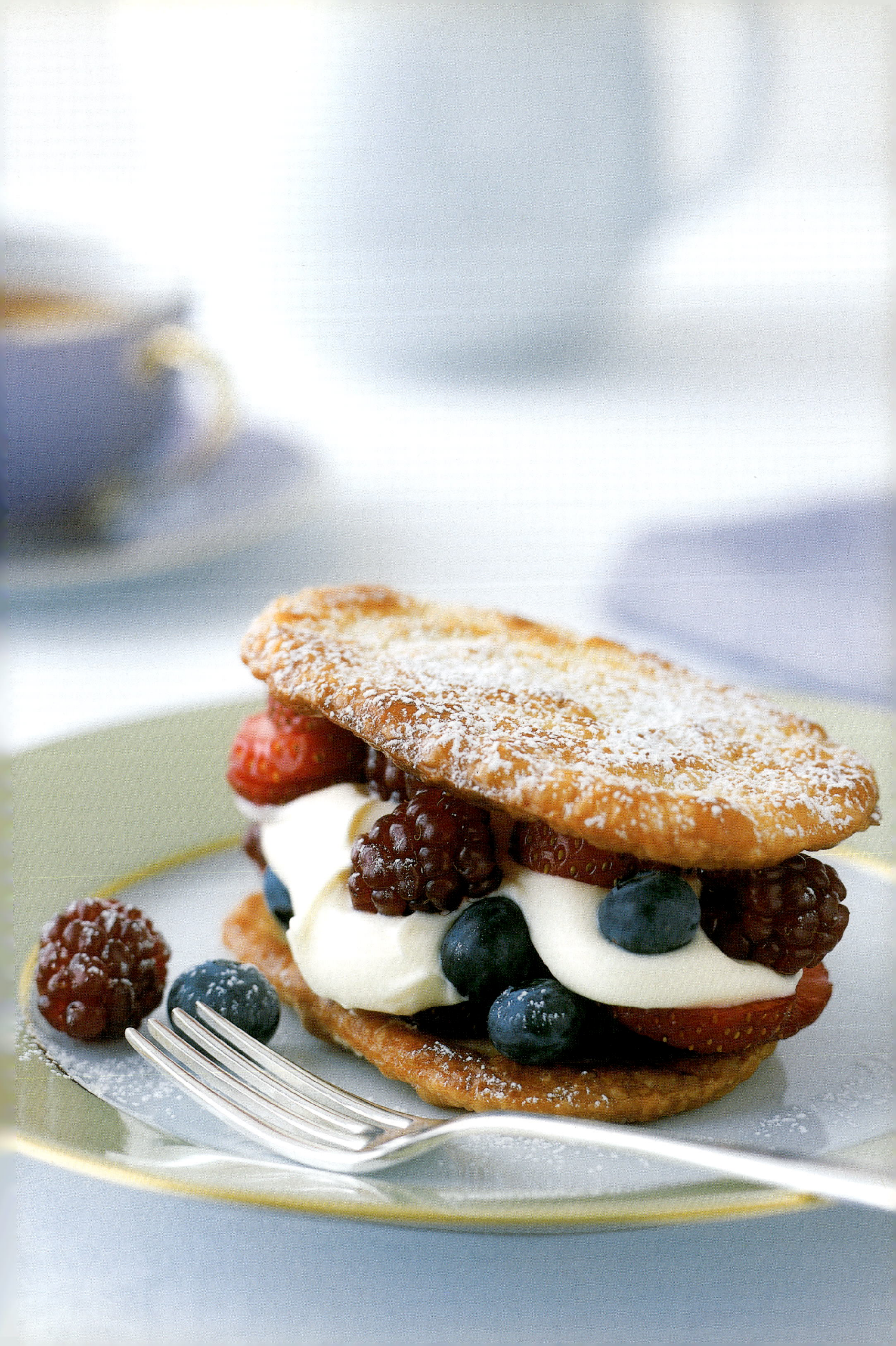

Été

Meringue aux pêches et aux framboises

Pour 8 personnes

PRÉPARATION 25 MINUTES • CUISSON 20 MINUTES

4 blancs d'œufs
165 g de sucre en poudre
1 c. c. de Maïzena
1 c. c. de vinaigre de vin blanc
25 g d'amandes effilées
3 pêches moyennes
300 ml de crème fraîche épaisse
1 c. s. de vin de pêche ou d'autre liqueur douce à votre convenance
120 g de framboises

1 Préchauffez le four à 180 °C. Garnissez de papier sulfurisé légèrement graissé le fond et les côtés d'un grand moule rectangulaire en le laissant dépasser légèrement.

2 Battez les blancs d'œufs en neige ferme, en incorporant le sucre cuillerée par cuillerée, puis la Maïzena et le vinaigre. Les blancs en neige doivent être très fermes, avec de petits pics à la surface.

3 Étalez-les dans le moule et saupoudrez d'amandes. Faites cuire 20 minutes au four, jusqu'à ce que la meringue soit ferme et légèrement dorée. Démoulez la meringue sur une feuille de papier sulfurisé et décollez le papier qui garnissait le moule. Laissez refroidir.

4 Incisez en croix la base des pêches puis mettez-les 1 minute dans un récipient d'eau bouillante. Passez-les sous l'eau froide puis retirez la peau ; coupez-les en petits morceaux.

5 Fouettez vigoureusement la crème et la liqueur jusqu'à ce que de petits pics se forment à la surface puis nappez-en la meringue. Garnissez de morceaux de pêche et de framboises entières. Roulez la meringue en vous aidant du papier sulfurisé et servez aussitôt.

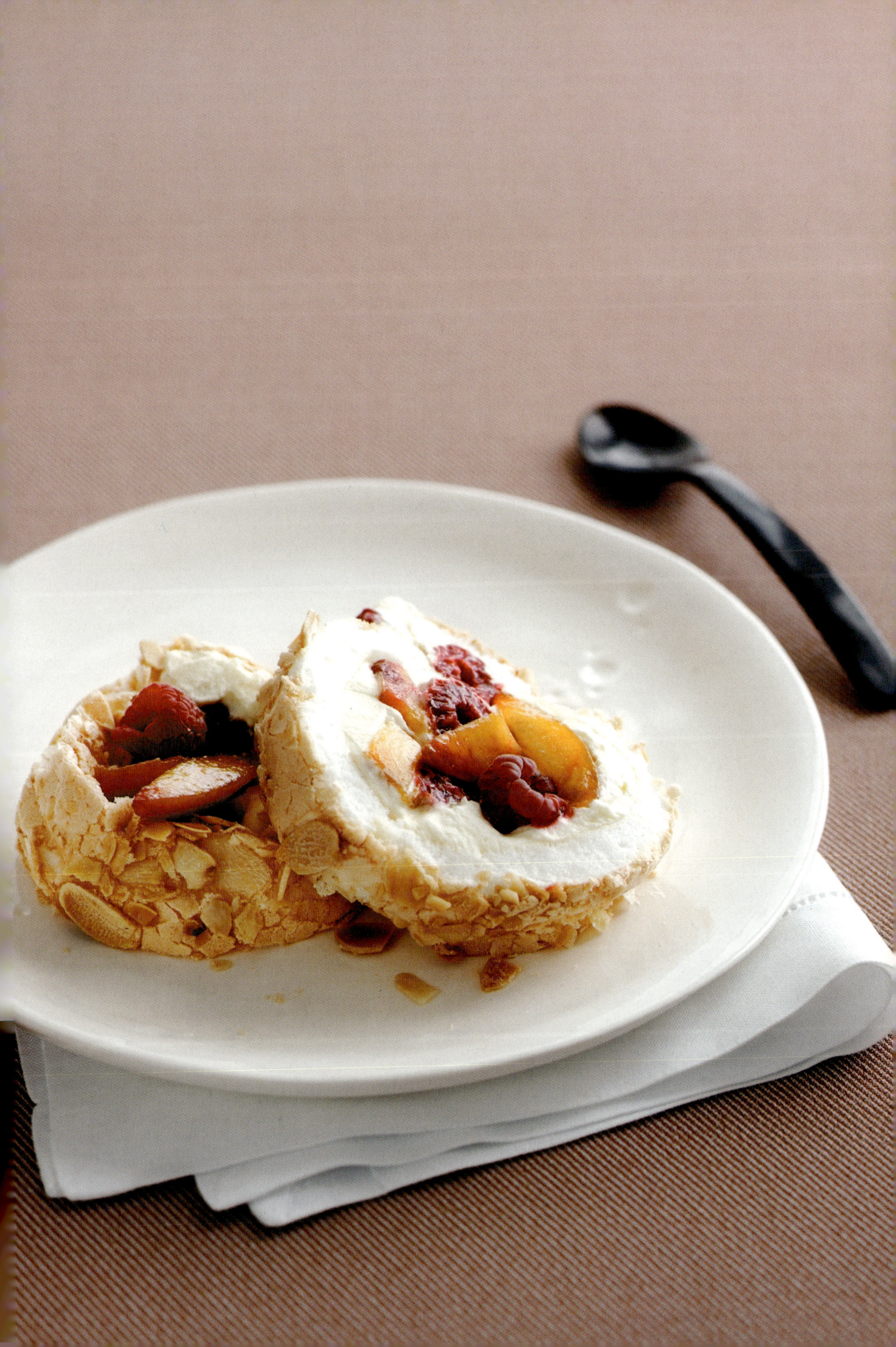

Été

Cheesecake au chocolat blanc et aux fraises

Pour 10 personnes

PRÉPARATION 55 MINUTES • CUISSON 5 MINUTES • RÉFRIGÉRATION 12 HEURES

**185 g de petits-beurre
80 g de beurre ramolli
1/2 feuille de gélatine
2 c. s. d'eau chaude
500 g de fromage frais ramolli
400 g de lait concentré sucré
300 ml de crème fraîche
150 g de chocolat blanc fondu
500 g de fraises coupées en deux ou en quatre
80 g de confiture de fraise
1 c. s. de jus de citron**

1 Graissez un moule à charnière rond.

2 Mixez les petits-beurre pour obtenir une chapelure fine puis ajoutez le beurre. Travaillez le mélange à la main pour obtenir une pâte grumeleuse. Étalez cette dernière au fond du moule en tassant bien, couvrez et laissez raffermir 30 minutes au réfrigérateur.

3 Mettez la gélatine dans l'eau chaude, dans un petit récipient, et faites-la fondre au bain-marie, au-dessus d'une petite casserole d'eau frémissante. Laissez refroidir 5 minutes.

4 Pendant ce temps, fouettez le fromage frais et le lait concentré pour obtenir un mélange léger. Battez séparément la crème jusqu'à ce que de petits pics se forment à la surface.

5 Incorporez la gélatine au fromage frais battu avant d'ajouter la crème et le chocolat blanc fondu. Étalez ce mélange sur le fond de pâte, couvrez et réfrigérez toute une nuit.

6 Au moment de servir, démoulez le cheesecake puis garnissez le dessus de quartiers de fraise. Faites tiédir la confiture et le jus de citron à feu doux puis nappez-en le gâteau. Servez aussitôt.

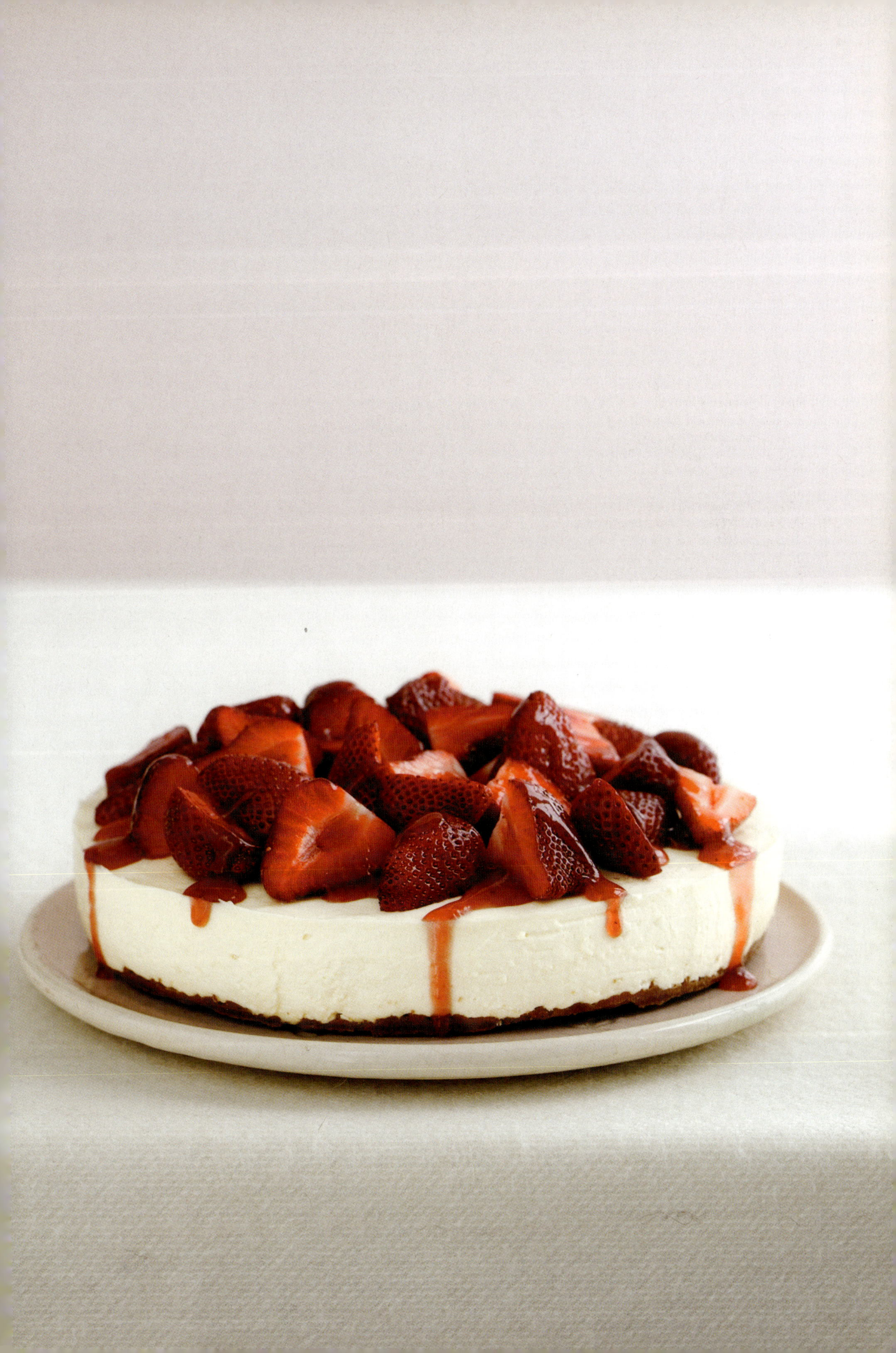

Été

Gâteau mousseux au chocolat noir

Pour 12 personnes

PRÉPARATION 40 MINUTES • CUISSON 15 MINUTES • RÉFRIGÉRATION 3 HEURES

6 œufs, jaunes et blancs séparés
80 g de sucre glace
25 g de cacao en poudre
2 c. c. de Maïzena
600 g de chocolat noir fondu
1 c. s. d'eau
1 c. s. de café soluble
1 c. s. d'eau bouillante
750 ml de crème fraîche épaisse
2 c. s. de cacao en poudre en supplément

1 Préchauffez le four à 180 °C. Garnissez un moule carré de papier sulfurisé légèrement graissé.

2 Battez vigoureusement les jaunes d'œufs et le sucre avant d'incorporer le cacao et la Maïzena, puis 150 g de chocolat fondu et l'eau.

3 Battez les blancs d'œufs en neige ferme jusqu'à ce que de petits pics se forment à la surface puis ajoutez-les en deux fois à la préparation au chocolat. Versez la pâte dans le moule et faites cuire 15 minutes au four. Démoulez le gâteau sur une feuille de papier sulfurisé et laissez-le refroidir à température ambiante.

4 Graissez un moule rond à charnière (son diamètre sera légèrement inférieur à celui du gâteau). Garnissez le fond d'un disque de papier sulfurisé légèrement graissé et les parois d'une bande de 5 m de haut. Découpez dans le gâteau refroidi un disque du diamètre du moule et mettez-le en place dans ce dernier.

5 Mélangez le café et l'eau bouillante dans un récipient. Laissez refroidir avant d'incorporer la crème. Fouettez le mélange jusqu'à ce que de petits pics se forment à la surface. Incorporez le reste du chocolat fondu puis garnissez de cette préparation la base de gâteau au chocolat. Couvrez et réfrigérez 3 heures.

6 Démoulez délicatement le gâteau. Saupoudrez de cacao et servez aussitôt.

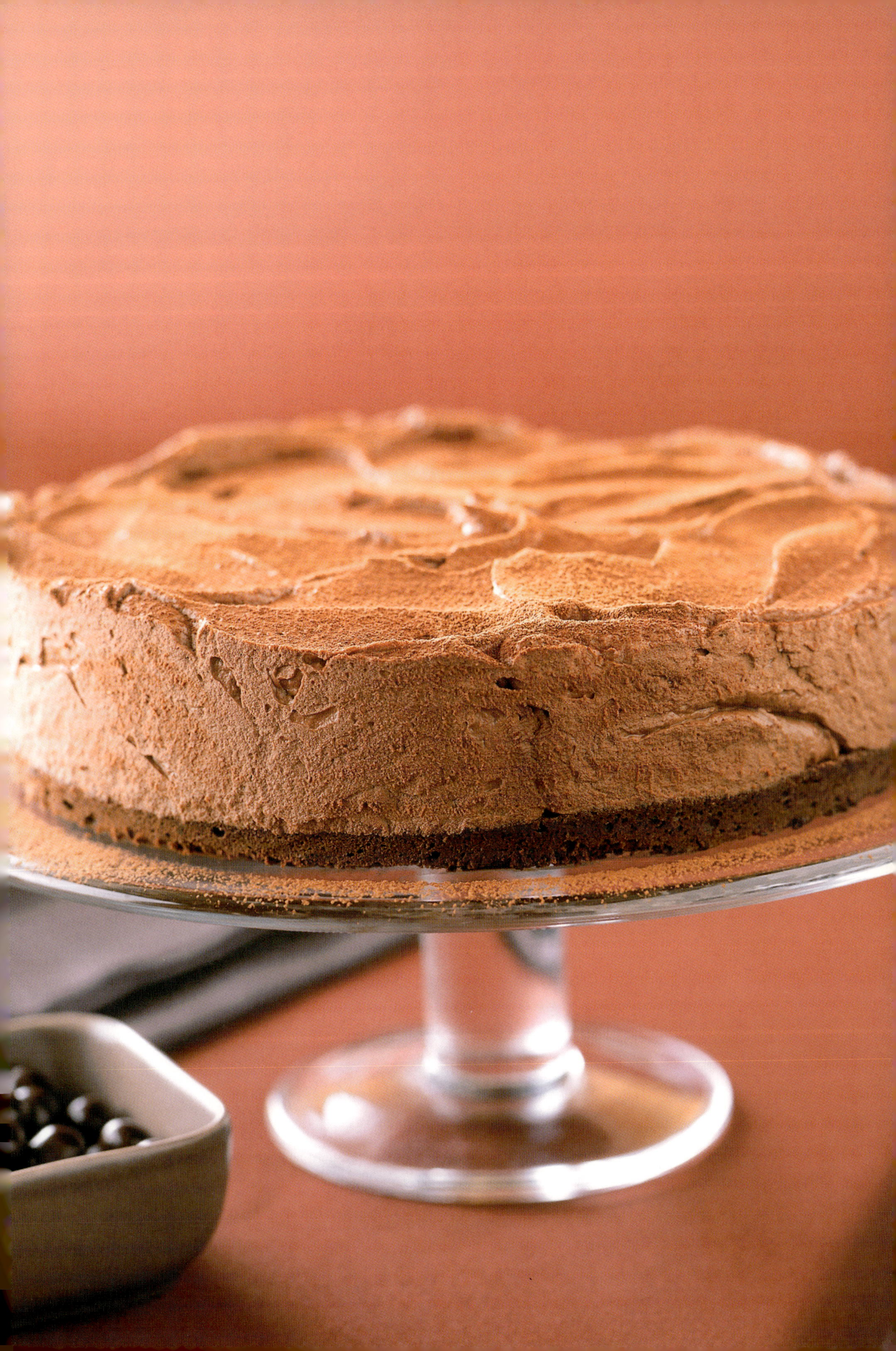

Été

Tarte aux nectarines

Pour 8 personnes
PRÉPARATION 40 MINUTES • CUISSON 45 MINUTES

8 nectarines coupées en deux
60 ml de jus d'orange
110 g de sucre roux

Pâte à tarte
250 g de farine
110 g de sucre glace
125 g de beurre froid coupé en morceaux
1 jaune d'œuf
1 à 2 c. s. d'eau froide

Crème pâtissière
300 ml de crème fraîche épaisse
250 ml de lait
110 g de sucre
1 gousse de vanille
3 jaunes d'œufs
2 c. s. de Maïzena

1 Beurrez un moule à tarte. Préparez la pâte.

2 Préparez la crème pâtissière.

3 Quand la pâte est cuite, remontez le thermostat du four à 220 °C. Mettez les moitiés de nectarine en une seule couche dans un grand plat allant au four, nappez-les de jus d'orange et saupoudrez-les de sucre roux. Faites-les rôtir 20 minutes au four, jusqu'à ce qu'elles soient tendres et légèrement caramélisées.

4 Étalez la crème pâtissière sur le fond de tarte et couvrez. Réfrigérez 30 minutes. Au moment de servir, garnissez de nectarines tièdes.

Pâte à tarte Mixez la farine, le sucre et le beurre. Quand le mélange est homogène, incorporez le jaune d'œuf et suffisamment d'eau pour obtenir une pâte homogène. Pétrissez-la sur un plan de travail fariné jusqu'à ce qu'elle soit lisse. Couvrez et réfrigérez 30 minutes. Préchauffez le four à 180 °C. Étalez la pâte entre 2 feuilles de papier sulfurisé pour obtenir une abaisse fine, mettez-la en place dans un moule à tarte légèrement beurré, couvrez d'un disque de papier sulfurisé et garnissez de haricots secs. Faites cuire la pâte à blanc 10 minutes au four, puis à nouveau 10 minutes après avoir retiré le papier sulfurisé et les haricots. Laissez refroidir.

Crème pâtissière Mettez la crème, le lait, le sucre et la gousse de vanille fendue en deux dans une casserole. Portez à ébullition puis retirez du feu et laissez infuser 10 minutes. Retirez la gousse de vanille. Fouettez vigoureusement les jaunes d'œufs avant d'incorporer la Maïzena puis la crème vanillée légèrement tiédie. Remettez la préparation dans une casserole, portez à nouveau à ébullition puis laissez épaissir 10 minutes à feu doux, sans cesser de remuer avec une cuillère en bois. Retirez du feu et laissez refroidir à température ambiante, après avoir posé une feuille de papier sulfurisé directement sur la crème pour empêcher la formation d'une peau.

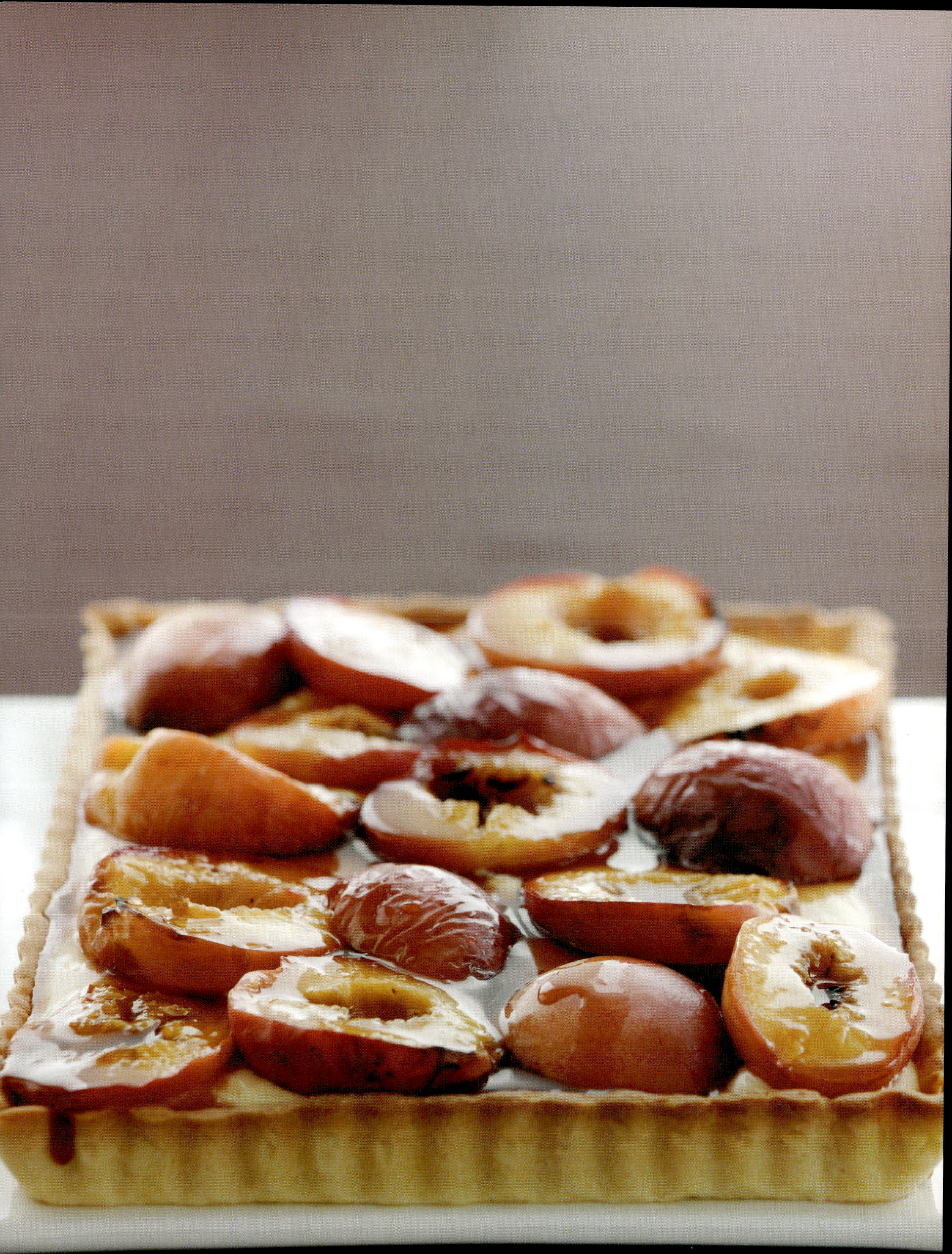

Été

Christmas pudding au chocolat blanc

Pour 12 personnes

PRÉPARATION 25 MINUTES + RÉFRIGÉRATION • CONGÉLATION 12 HEURES

75 g de canneberges ou d'airelles séchées
115 g d'ananas confit coupé en petits dés
60 ml de rhum
2 litres de glace à la vanille ramollie
280 g de pralines concassées
360 g de chocolat blanc

1 Chemisez un moule arrondi de film alimentaire en le laissant dépasser sur les côtés.

2 Faites gonfler les airelles et les morceaux d'ananas dans le rhum pendant 30 minutes puis mélangez-les à la glace. Ajoutez les pralines puis transférez ce mélange dans le moule et congelez toute une nuit.

3 Démoulez la glace sur un plat de service. Retirez le film alimentaire avant de remettre la glace au congélateur.

4 Découpez un disque de 35 cm de diamètre dans une feuille de papier sulfurisé puis recouvrez-le de film alimentaire en le faisant dépasser largement. Faites fondre le chocolat blanc puis étalez-le sur le film alimentaire sans dépasser les limites du disque. Mettez-le aussitôt en place sur le pudding (il doit être encore assez souple pour se mouler sur l'arrondi de la glace) puis décollez délicatement le film. Égalisez les bords et servez aussitôt.

Astuces

• Les pralines (des amandes grillées recouvertes de sucre caramélisé) sont en vente en grande surface ou dans les épiceries fines.
• Préparez la glace une semaine à l'avance et nappez-la de chocolat blanc avant de servir.
• Sortez la glace 20 minutes avant de la décorer pour qu'elle soit plus facile à découper.

Étalez le chocolat blanc sans dépasser les limites du disque de papier.

Mettez rapidement en place la couverte de chocolat fondu.

Lissez le chocolat à la main avant de retirer le film alimentaire.

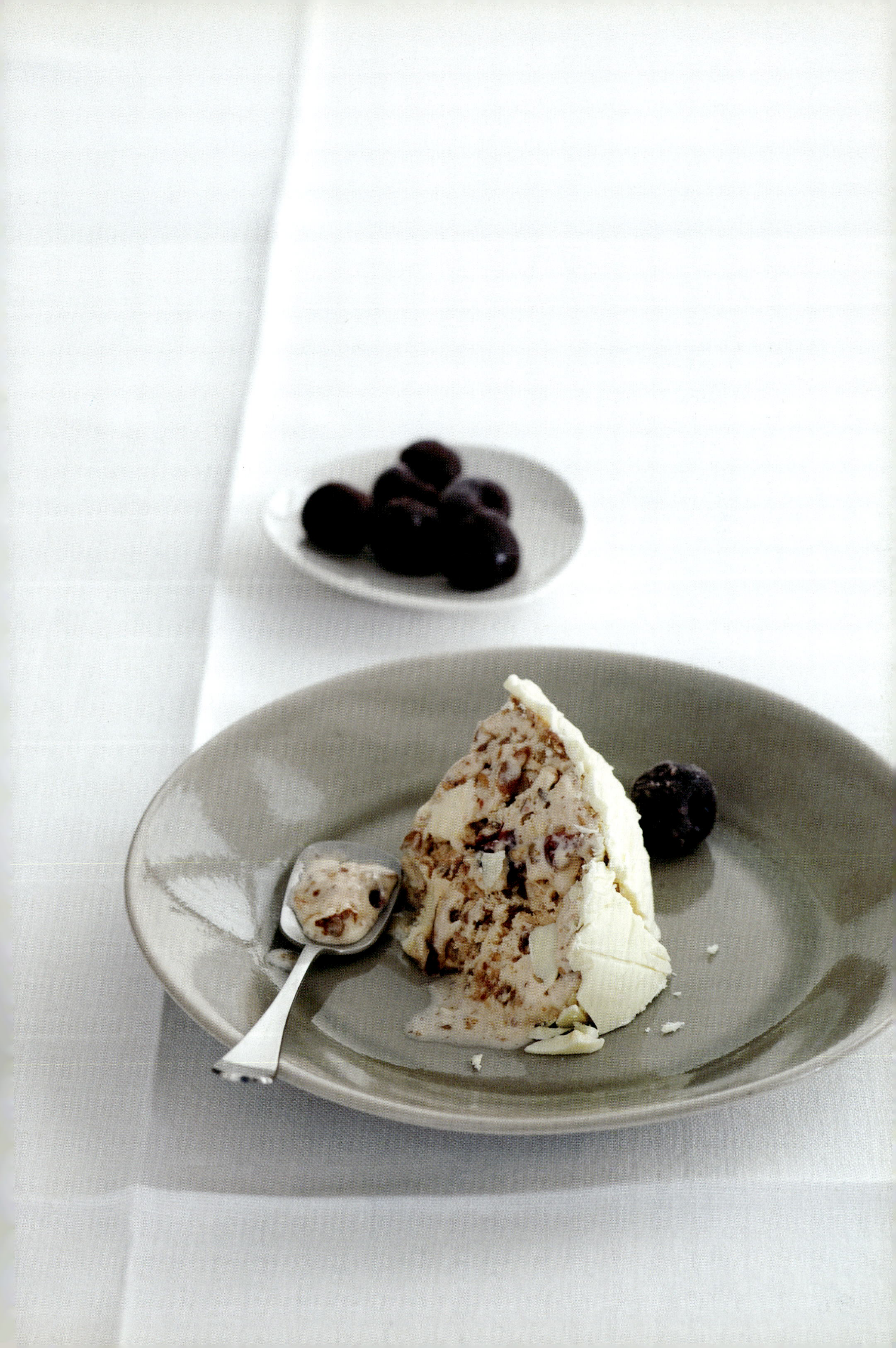

Été

Prunes rôties au sirop et nougat glacé

Pour 8 personnes

PRÉPARATION 20 MINUTES • CONGÉLATION 12 HEURES • CUISSON 30 MINUTES

16 prunes rouges moyennes
1 gousse de vanille
125 ml de vin rouge
110 g de sucre glace

Nougat glacé
600 ml de crème fraîche épaisse
40 g de sucre glace
1 c. c. d'extrait de vanille
150 g de nougat tendre coupé en morceaux
80 g d'amandes grillées finement concassées

1 Préparez le nougat glacé (la veille, car il faut compter au moins 12 heures de congélation).

2 Préchauffez le four à 180 °C.

3 Faites une petite entaille en croix à la base de chaque prune puis mettez les fruits dans un plat allant au four (l'entaille doit être tournée vers le haut). Fendez la gousse de vanille en deux et mettez-la dans le plat.

4 Versez le vin sur les prunes et saupoudrez de sucre glace. Faites rôtir 30 minutes au four en arrosant régulièrement les fruits de leur jus de cuisson. Sortez le plat du four et laissez-le 10 minutes à température ambiante (enlevez la gousse de vanille). Retirez le nougat glacé du congélateur.

5 Répartissez la glace dans des assiettes à dessert, garnissez de prunes chaudes et nappez de sirop. Servez aussitôt.

Nougat glacé Garnissez de film alimentaire un plat rectangulaire. Battez la crème fraîche, le sucre glace et l'extrait de vanille jusqu'à ce que de petits pics se forment à la surface. Incorporez les morceaux de nougat et les amandes puis étalez le mélange dans le moule. Congelez toute une nuit.

ASTUCE
Séparez bien les morceaux de nougat avant de les incorporer à la crème fouettée pour éviter qu'ils ne forment en bloc compact.

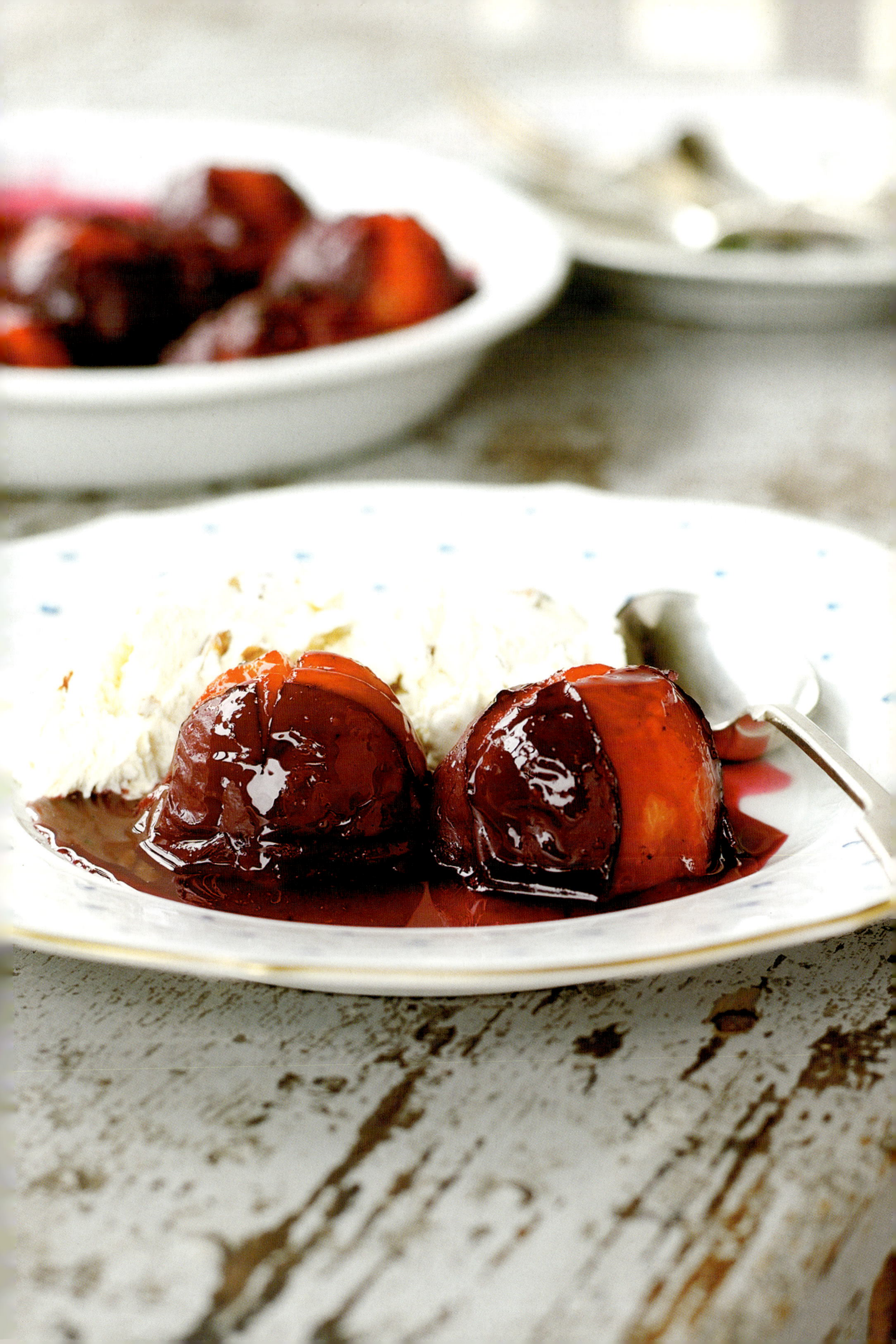

Été

Gâteau de Savoie fourré aux fraises

Pour 10 personnes

PRÉPARATION 20 MINUTES + REFROIDISSEMENT • CUISSON 20 MINUTES

250 g de sucre en poudre
7 œufs, blancs et jaunes séparés
90 g de farine
90 g de fécule
1 c. s. de sucre vanillé

Garniture
300 ml de crème fraîche épaisse
2 c. s. de sucre glace
1/2 c. c. d'extrait de vanille
80 g de confiture de fraise
250 g de fraises coupées en tranches fines

1 Préchauffez le four à 180 °C. Beurrez deux moules ronds et saupoudrez un peu de farine dedans.

2 Fouettez ensemble dans un récipient le sucre en poudre et les jaunes d'œufs jusqu'à ce que le mélange soit lisse. Ajoutez le sucre vanillé, la farine et la fécule, sans cesser de battre. Fouettez les blancs d'œufs en neige ferme avant de les incorporer délicatement à la pâte (procédez en deux fois pour éviter qu'ils ne s'affaissent).

3 Versez la pâte dans les moules et faites cuire 20 minutes au four. Quand les gâteaux sont cuits, sortez-les du four et démoulez-les aussitôt sur une grille. Garnissez-les au dernier moment.

Garniture Fouettez la crème, la moitié du sucre et l'extrait de vanille jusqu'à ce que de petits pics se forment à la surface. Déposez un des gâteaux sur le plat de présentation, nappez-le de confiture tiède puis de crème fouettée. Garnissez le dessus de fraises puis couvrez avec l'autre gâteau. Saupoudrez le reste du sucre glace.

ASTUCES
• Prenez des moules assez grands pour que les gâteaux ne soient pas trop épais.
• Vous pouvez garnir ce biscuit de Savoie avec des framboises ou des pêches bien mûres.
• Pour parfumer la pâte du biscuit, ajoutez un zeste d'orange ou de citron finement râpé.

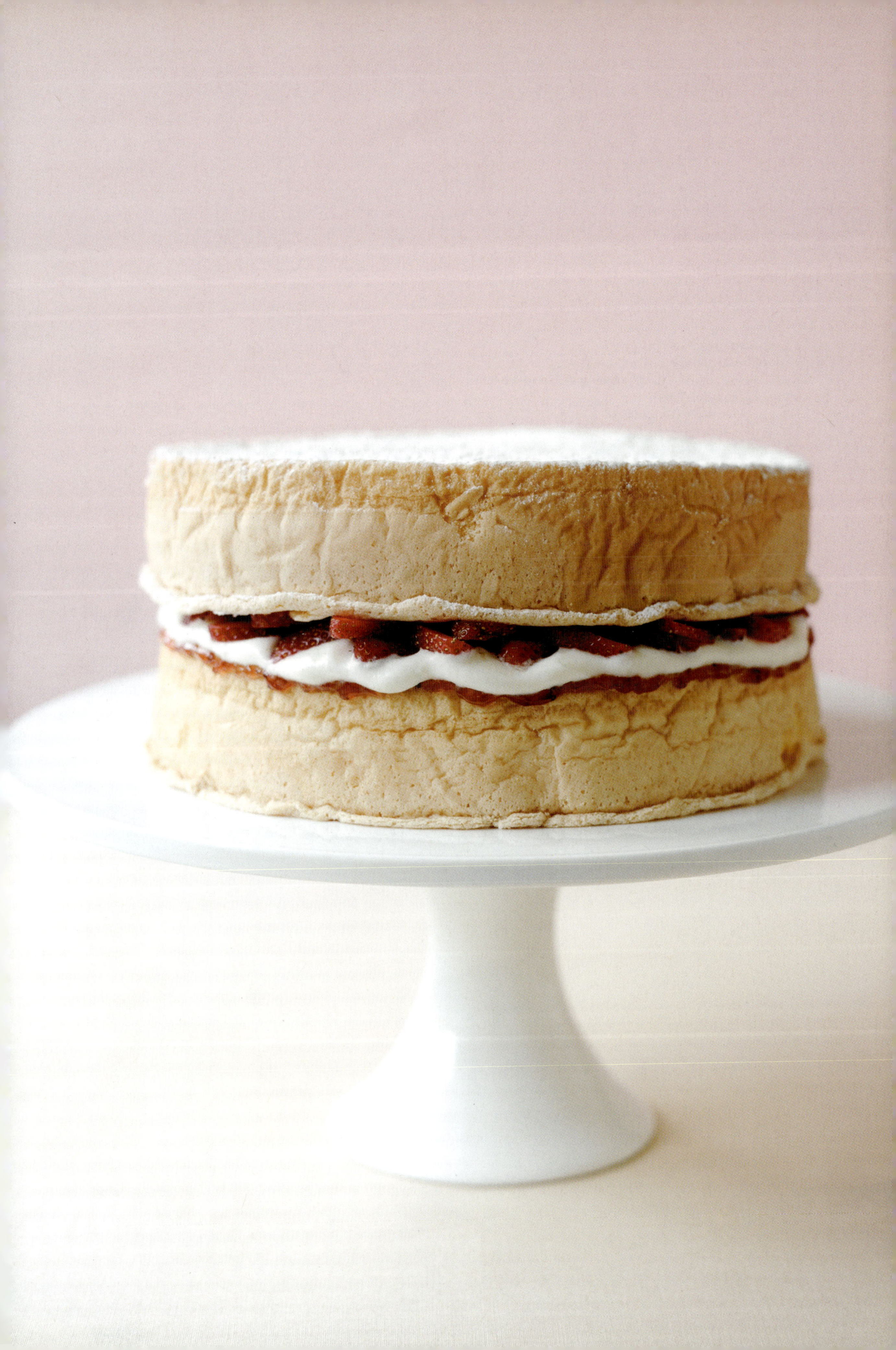

Été

Cheesecake à la ricotta

Pour 16 personnes

PRÉPARATION 20 MINUTES + RÉFRIGÉRATION • CUISSON 1 H 10

1 kg de ricotta
5 œufs légèrement battus
1 c. s. de zeste de citron râpé très finement
60 ml de jus de citron
1/2 c. c. d'extrait de vanille
220 g de sucre en poudre
40 g de raisins secs
125 g de fruits confits finement hachés

Fond de tarte
90 g de beurre ramolli
1 œuf
55 g de sucre en poudre
185 g de farine
35 g de farine avec levure incorporée

1 Graissez un moule rond peu profond. Préparez le fond de tarte et faites-le cuire puis ramenez le thermostat du four à 160 °C.

2 Mixez la ricotta, les œufs, le zeste de citron, le jus de citron, l'extrait de vanille et le sucre pour obtenir une pâte homogène. Incorporez les raisins secs et les fruits confits puis étalez ce mélange sur le fond de pâte.

3 Faites cuire 50 minutes au four. Laissez refroidir à température ambiante avant de mettre le cheesecake au réfrigérateur pour le servir très frais.

Fond de tarte Fouettez le beurre jusqu'à ce qu'il soit bien lisse. Sans cesser de battre, incorporez l'œuf et le sucre, puis la moitié des deux farines mélangées. Quand le mélange est homogène, ajoutez le reste des farines. Travaillez délicatement la pâte sur un plan de travail fariné pour roulez-la en boule et mettez-la 30 minutes au réfrigérateur. Préchauffez le four à 180 °C. Abaissez la pâte entre 2 feuilles de papier sulfurisé puis mettez-la en place dans le moule préparé (étape 1). Piquez-la avec une fourchette, remettez-la au réfrigérateur 30 minutes puis faites-la cuire 20 minutes au four.

Astuce
Ce cheesecake sera meilleur si vous le préparez la veille.

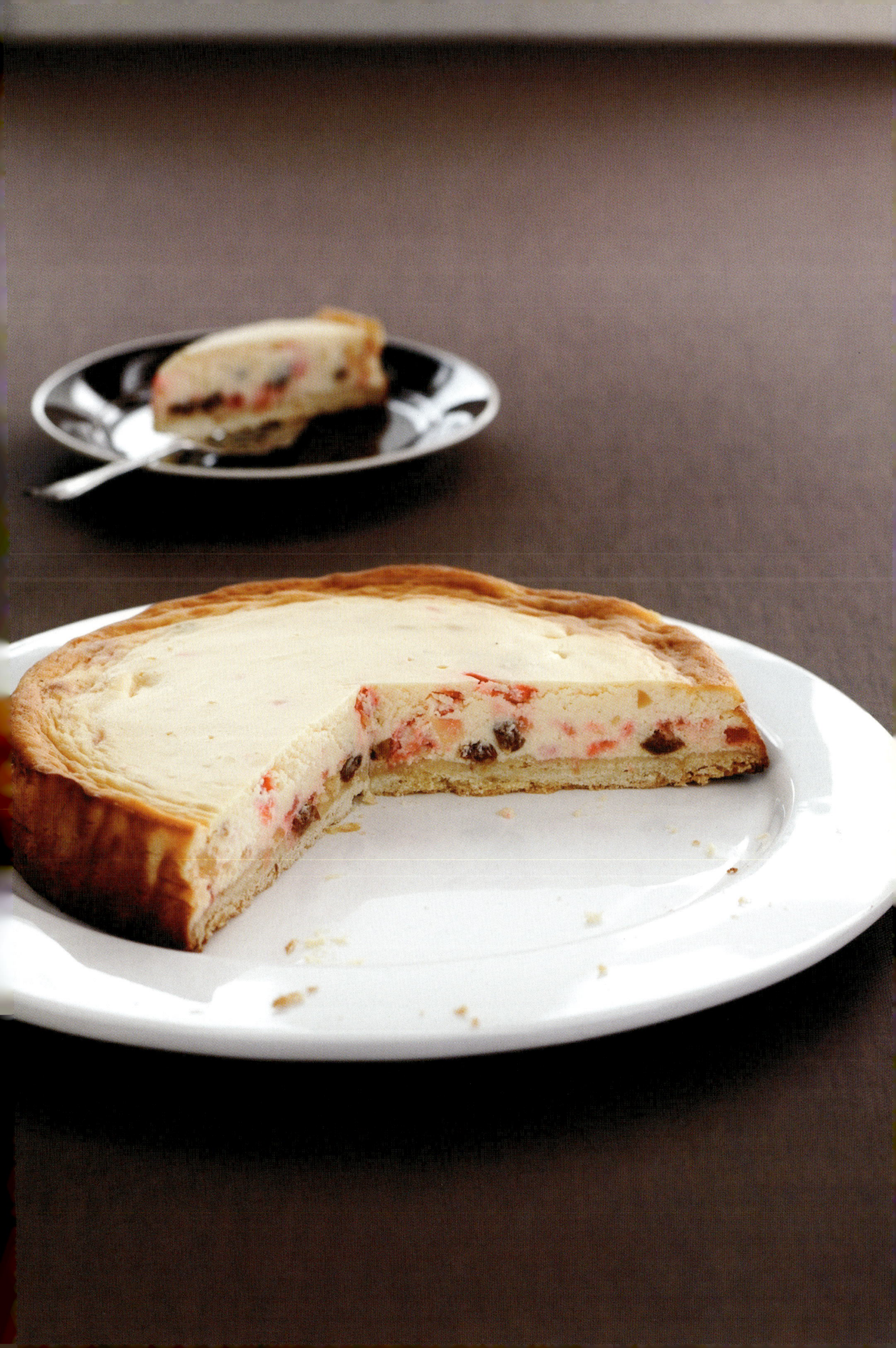

Été

Pavlova aux fruits rouges

Pour 8 personnes

PRÉPARATION 20 MINUTES • CUISSON 1 H 15

4 blancs d'œufs
250 g de sucre en poudre
4 c. c. de cannelle moulue
2 c. c. de zeste d'orange finement râpé
3 c. c. de farine de maïs
1 c. c. de vinaigre blanc
300 ml de crème fraîche épaisse
1/2 c. c. d'extrait de vanille
150 g de fraises coupées en tranches fines
300 g de framboises et de myrtilles mélangées

1 Préchauffez le four à 140 °C. Chemisez une plaque de cuisson de papier sulfurisé et dessinez un disque de 20 cm de diamètre.

2 Montez les blancs d'œufs en neige au batteur électrique puis incorporez le sucre en plusieurs fois, en battant bien entre chaque ajout. Continuez de battre 4 à 5 minutes, jusqu'à obtention d'un mélange épais et satiné. Ajoutez délicatement la cannelle, le zeste d'orange, la farine de maïs et le vinaigre. Étalez la meringue sur le disque dessiné en la lissant avec le dos de la cuillère. Donnez-lui une forme légèrement bombée et ménagez une petite cuvette au centre.

3 Faites cuire la meringue 45 minutes au four puis coupez le feu et laissez-la refroidir dans le four en gardant la porte entrouverte. Fouettez la crème et l'extrait de vanille jusqu'à ce que de petits pics se forment à la surface. Garnissez-en le centre de la meringue, décorez de quelques fruits rouges et présentez le reste tout autour de la pavlova.

ASTUCES

• Vous pouvez servir cette pavlova avec un assortiment de fruits exotiques (ananas frais, kiwis, oranges) ou d'autres fruits de saison (pêches et abricots, pastèque et melon), voire tout simplement garnie de crème fouettée et nappée d'un coulis de mangue ou de framboise (rayon surgelés).
• La meringue peut être préparée 4 jours à l'avance.

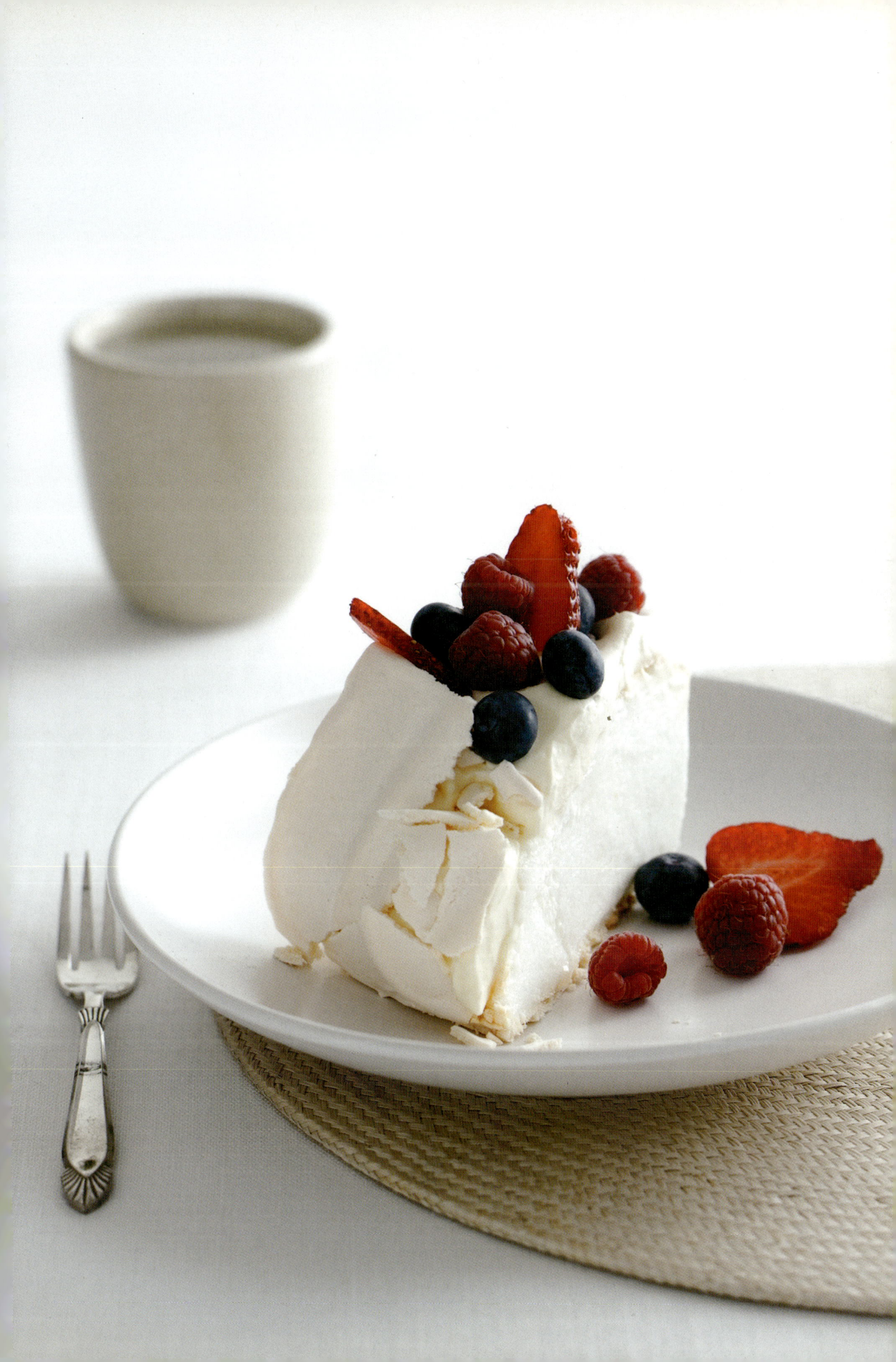

Été

Cake fourré au mascarpone

Pour 10 personnes

PRÉPARATION 30 MINUTES + RÉFRIGÉRATION • CUISSON 50 MINUTES

185 g de beurre
1 c. s. de zeste d'orange finement râpé
220 g de sucre en poudre
3 œufs légèrement battus
150 g de farine à levure incorporée
40 g d'amandes en poudre
125 ml de jus d'orange
350 g de mûres
110 g de gelée de mûre
1 c. s. de liqueur d'orange
1 c. s. de sucre glace

Crème au mascarpone
160 ml de crème fraîche épaisse
250 g de mascarpone
55 g de sucre en poudre
1 c. c. de zeste d'orange finement râpé
1 c. s. de liqueur d'orange

1 Préchauffez le four à 160 °C. Beurrez un moule à cake rectangulaire et saupoudrez-le de farine.

2 Fouettez ensemble le beurre, le zeste d'orange et le sucre. Quand le mélange est aéré, incorporez les œufs un à un, sans cesser de battre, puis la farine, les amandes en poudre et le jus d'orange.

3 Versez la pâte dans le moule et faites cuire 50 minutes au four. Laissez le cake 5 minutes à température ambiante avant de le démouler. Préparez la crème au mascarpone pendant que le cake refroidit.

4 Réservez 20 mûres pour décorer. Coupez le cake en trois dans la longueur. Badigeonnez de gelée tiède et de liqueur d'orange les faces coupées des tranches de cake puis montez le gâteau en alternant une tranche de cake, une couche de crème au mascarpone, la moitié des mûres, une tranche de cake, une autre couche de crème au mascarpone, le reste des mûres et enfin la dernière tranche de cake. Réfrigérez 1 heure. Au moment de servir, saupoudrez le gâteau de sucre glace et découpez-le en 10 portions. Décorez le dessus avec les mûres réservées. Dégustez aussitôt.

Crème au mascarpone Fouettez la crème, le mascarpone et le sucre jusqu'à ce que de petits pics se forment à la surface. Incorporez alors le zeste d'orange et la liqueur.

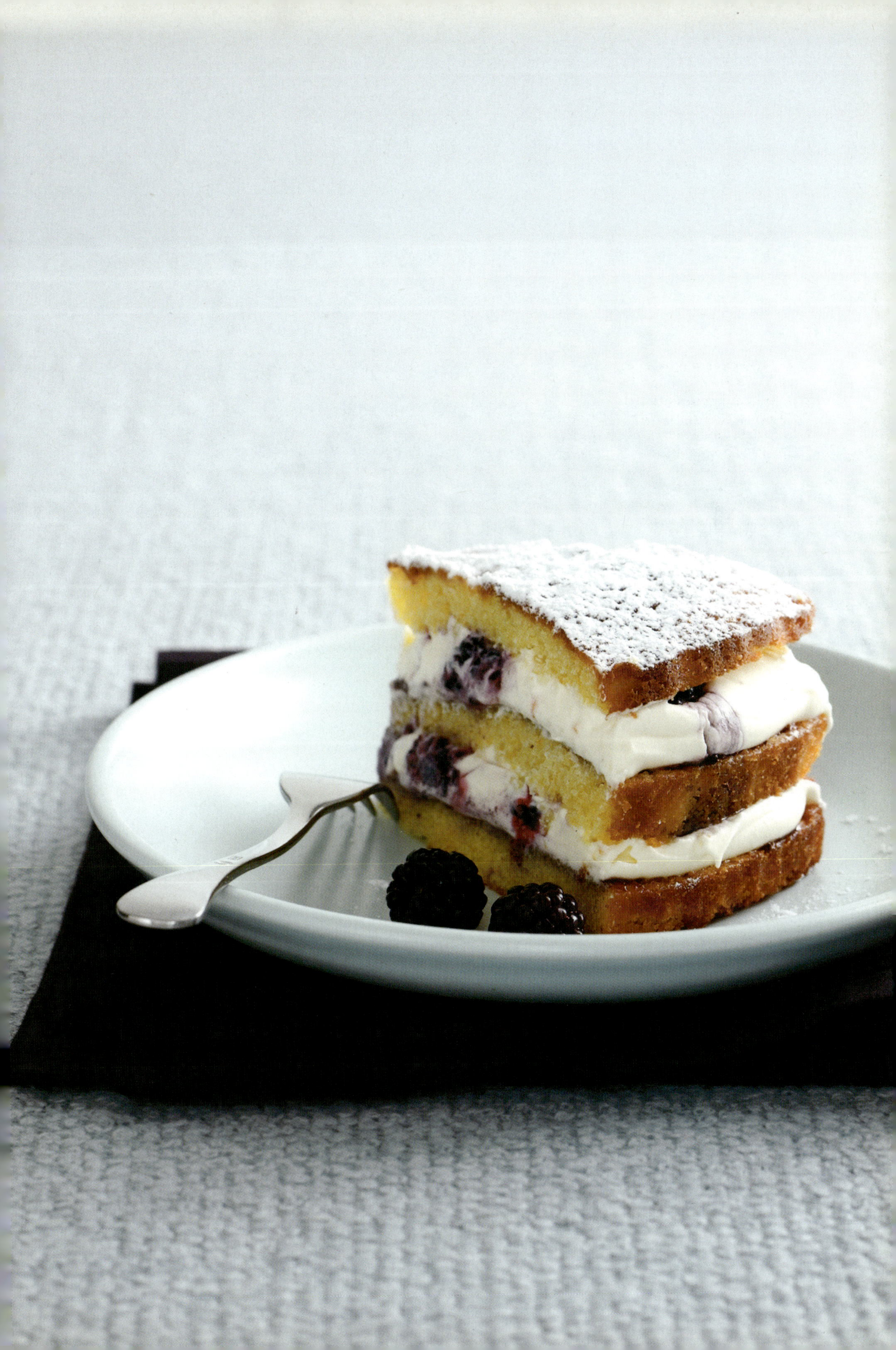

Été

Mousse glacée aux deux chocolats et au café

Pour 10 personnes

PRÉPARATION 35 MINUTES • CONGÉLATION 8 HEURES

**2 litres de glace à la vanille
1 c. s. de café soluble
1 c. s. d'eau chaude
80 g de pralines grossièrement hachées
100 g de chocolat noir fondu
1 c. s. de crème de cacao
100 g de chocolat blanc fondu
80 g de pistaches grillées grossièrement hachées**

1 Tapissez de papier sulfurisé le fond et les parois d'un moule rond.

2 Divisez la glace en trois portions. Réservez-en deux au congélateur et laissez ramollir le reste dans un récipient. Délayez le café soluble dans l'eau puis incorporez-le à la glace ramollie avant d'ajouter 50 g de pralines. Étalez le mélange au fond du moule et laissez prendre 2 heures au congélateur.

3 Sortez une autre portion de glace du congélateur. Quand elle est juste ferme, incorporez le chocolat noir fondu et la crème de cacao. Laissez-la raffermir 1 heure au congélateur avant de l'étaler sur la base glacée au café.

4 Sortez la dernière portion de glace du congélateur, laissez-la ramollir 10 minutes à température ambiante puis mélangez-la avec le chocolat blanc fondu. Incorporez 50 g de pistaches puis laissez raffermir 1 heure au congélateur. Étalez ensuite la glace sur la base café-chocolat et remettez au congélateur pendant 2 heures.

5 Sortez la mousse glacée 5 minutes avant de servir et garnissez-la avec le reste de pralines et de pistaches. Dégustez sans attendre.

Astuces
• Choisissez une glace de bonne qualité pour préparer ce dessert.
• Attendez que la couche inférieure soit bien ferme avant d'ajouter une nouvelle épaisseur de glace.
• Pour démouler la glace facilement, glissez le long des parois une lame de couteau trempée dans de l'eau bouillante. Trempez également la base du moule dans un récipient d'eau très chaude.

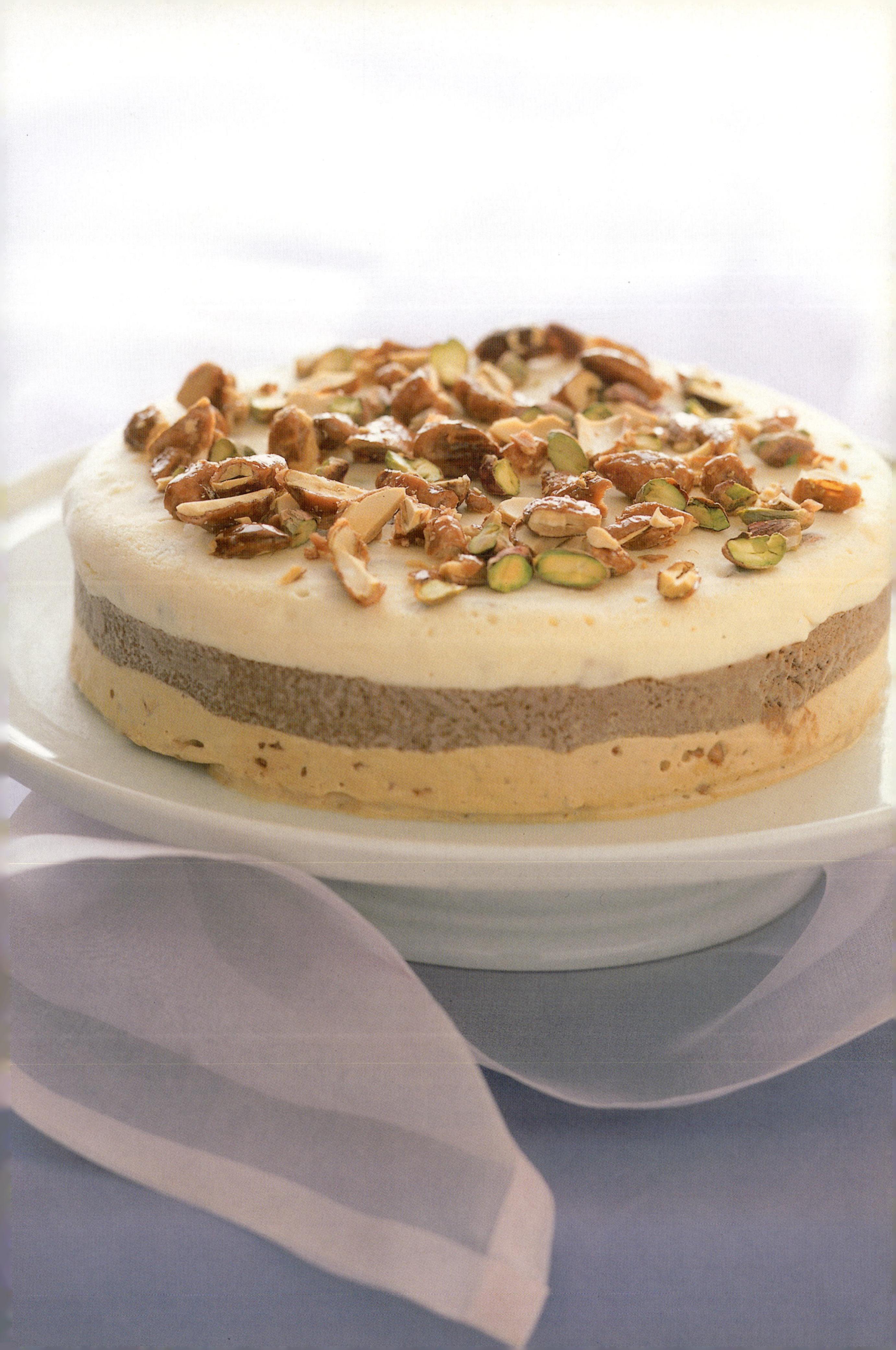

Été

Gelée de fruits au champagne

Pour 6 personnes

PRÉPARATION 15 MINUTES + RÉFRIGÉRATION • CUISSON 10 MINUTES

110 g de sucre en poudre
750 ml de champagne
2 feuilles de gélatine
125 ml d'eau
2 c. s. de jus de citron
1 nectarine coupée en tranches fines
2 abricots coupés en tranches fines
1 prune coupée en petits dés
200 g de framboises

1 Mélangez le sucre et 250 ml de champagne dans une casserole. Faites fondre le sucre à feu doux puis portez à ébullition. Baissez le feu dès les premiers bouillons et laissez frémir 5 minutes sans couvrir pour faire épaissir le sirop.

2 Plongez les feuilles de gélatine dans l'eau tiède et faites-la dissoudre au bain-marie, au-dessus d'une casserole d'eau frémissante. Mélangez-la ensuite avec le sirop tiède, le reste du champagne et le jus de citron.

3 Répartissez les fruits dans des coupes à dessert et versez dessus la préparation au champagne. Laissez au réfrigérateur jusqu'à ce que la gelée soit prise.

ASTUCE
Préparez cette recette un jour à l'avance.

Fruits pochés au sirop de cassis

Pour 4 personnes

PRÉPARATION 10 MINUTES • CUISSON 20 MINUTES

1 gousse de vanille
125 ml d'eau
375 ml de sirop de cassis
4 abricots coupés en deux
4 prunes rouges coupées en deux
2 nectarines coupées en deux
2 pêches coupées en deux

1 Fendez la gousse de vanille en deux et mettez-la dans une casserole avec l'eau et le sirop de cassis. Portez à ébullition puis laissez frémir 5 minutes sans couvrir. Quand le sirop a épaissi, ajoutez les fruits et baissez le feu. Prolongez la cuisson 8 minutes, en retournant les fruits au moins deux fois.

2 Retirez la casserole du feu et enlevez la gousse de vanille. Répartissez les fruits au sirop dans des coupes à dessert et laissez tiédir à température ambiante.

ASTUCE
Servez ces fruits pochés avec de la crème fouettée, de la crème chantilly ou du fromage blanc aromatisé à la vanille.

Été

Gâteau meringué au chocolat et aux fraises

Pour 12 personnes

PRÉPARATION 40 MINUTES • CUISSON 45 MINUTES

125 g de beurre
4 œufs, blancs et jaunes séparés
320 g de sucre en poudre
150 g de farine avec levure incorporée
1/2 c. c. de bicarbonate de soude
100 g de chocolat noir fondu
250 ml de babeurre
30 g de noisettes concassées
160 ml de crème fraîche épaisse
1 c. s. de sucre glace
250 g de fraises coupées en quatre

1 Préchauffez le four à 160 °C. Beurrez deux moules ronds.

2 Fouettez vigoureusement le beurre, les jaunes d'œufs et la moitié du sucre en poudre avant d'incorporer la farine et le bicarbonate, puis le chocolat fondu et le babeurre, sans cesser de fouetter. Répartissez la pâte dans les moules.

3 Fouettez les blancs en neige ferme, en incorporant progressivement le reste du sucre, jusqu'à ce que le mélange soit lisse et que de petits pics se forment à la surface. Étalez ce mélange sur les bases au chocolat. Saupoudrez une des meringues de noisettes concassées. Faites cuire les deux gâteaux au four pendant 25 minutes puis couvrez-les d'une feuille d'alu. Prolongez la cuisson encore 20 minutes. Sortez les gâteaux du four et démoulez-les avant de les retourner sur une grille (la meringue doit être au-dessus). Laissez refroidir à température ambiante.

4 Au moment de servir, fouettez vigoureusement la crème fraîche et le sucre glace. Nappez-en un des gâteaux (celui dont la meringue n'est pas recouverte de noisettes), garnissez de fraises et posez le second gâteau dessus.

ASTUCE

Faites cuire les gâteaux la veille pour que la meringue soit moins cassante. Assemblez-les au dernier moment.

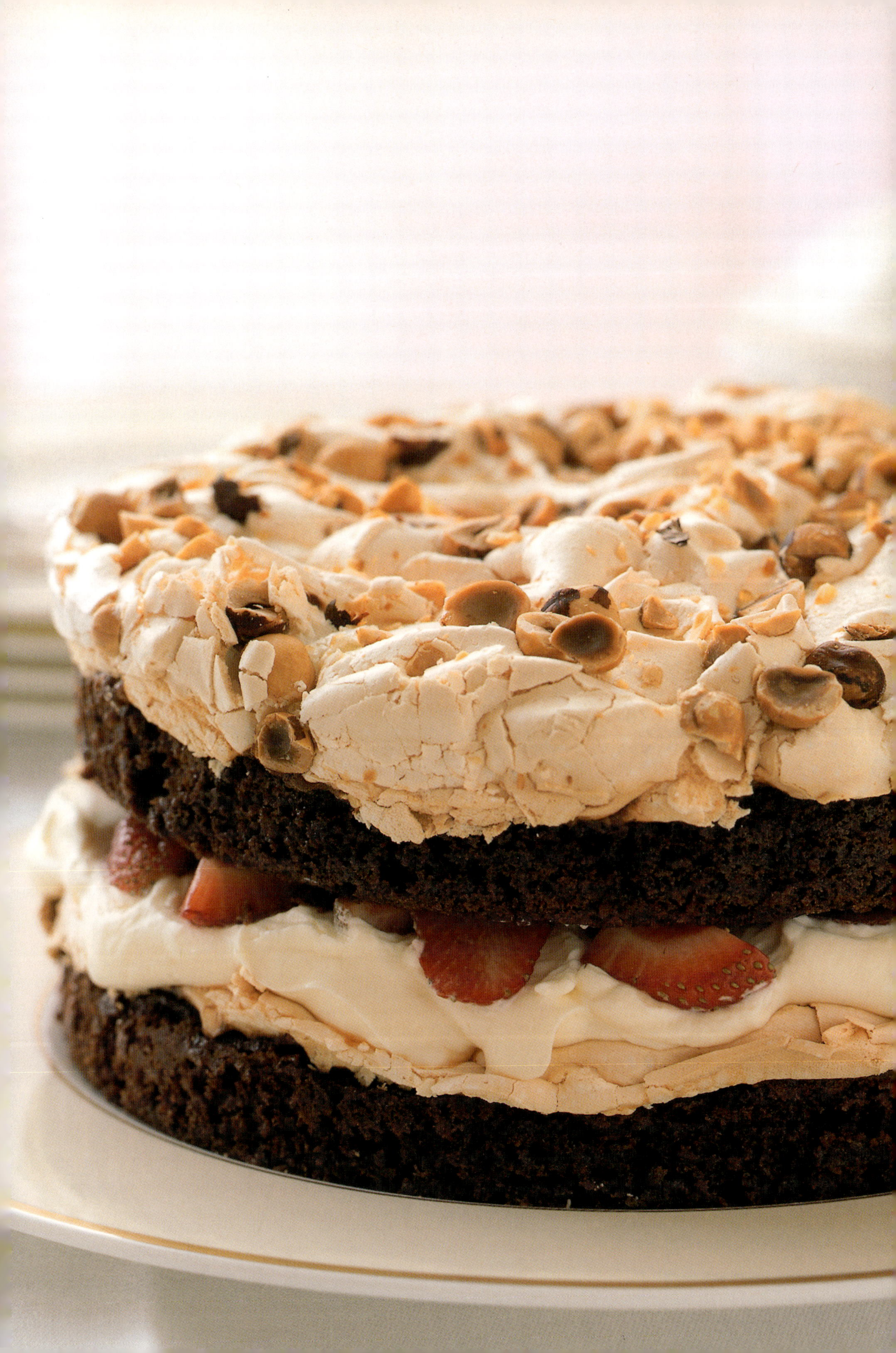

Été

Parfait au chocolat et au nougat

Pour 8 personnes

PRÉPARATION 20 MINUTES • CONGÉLATION 12 HEURES

**450 g de ricotta
110 g de sucre en poudre
200 g de chocolat noir fondu
110 g de nougat tendre
coupé en petits morceaux
300 ml de crème fraîche épaisse**

1 Tapissez un moule rectangulaire de film alimentaire en le laissant dépasser sur les grands côtés.

2 Fouettez vigoureusement la ricotta et le sucre puis incorporez le chocolat fondu et le nougat.

3 Fouettez la crème vigoureusement. Quand elle est bien ferme, incorporez-la à la préparation au chocolat puis transférez le mélange dans le moule ; couvrez d'une feuille d'alu et congelez une nuit entière.

4 Avant de servir, sortez la glace 5 minutes à température ambiante, démoulez-la et coupez-la en tranches pas trop épaisses. Laissez reposer 10 minutes et servez-la.

Astuce
Servez avec des fruits frais (framboises, mûres ou fraises).

Flan à la noix de coco et aux fruits de la passion

Pour 8 personnes

PRÉPARATION 15 MINUTES • CUISSON 45 MINUTES

90 g de noix de coco râpée
165 g de sucre en poudre
75 g de farine
4 œufs légèrement battus
125 g de beurre ramolli
6 fruits de la passion mixés
1 c. s. de jus de citron
2 c. s. de sucre glace

1 Préchauffez le four à 180 °C. Beurrez un moule à tarte à fond amovible.
2 Mélangez la noix de coco, le sucre et la farine puis incorporez les œufs, le beurre, les fruits de la passion et le jus de citron.
3 Versez la pâte dans le moule à tarte et faites cuire 45 minutes au four. Laissez refroidir dans le moule puis faites glisser la tarte sur un plat de présentation ; saupoudrez de sucre glace et servez.

Astuce
Vous pouvez remplacer les fruits de la passion par un coulis de mangue (rayon surgelés).

Été

Gâteau roulé au chocolat et aux framboises

Pour 8 personnes

PRÉPARATION 15 MINUTES + RÉFRIGÉRATION • CUISSON 15 MINUTES

200 g de chocolat noir coupé en morceaux
60 ml d'eau chaude
1 c. s. de café soluble
4 œufs, blancs et jaunes séparés
165 g de sucre en poudre
300 ml de crème fraîche épaisse
150 g de framboises fraîches

1 Préchauffez le four à 180 °C. Chemisez de papier sulfurisé un moule rectangulaire peu profond en le laissant dépasser sur les côtés.

2 Mettez le chocolat, l'eau et le café soluble dans un récipient et laissez fondre à feu doux. Fouettez les jaunes d'œufs et un tiers du sucre pour obtenir un mélange mousseux puis ajoutez-les au chocolat fondu.

3 Battez les blancs d'œufs en neige ferme jusqu'à ce que de petits pics se forment à la surface puis incorporez-les en deux fois au mélange chocolaté. Versez la préparation dans le moule et faites-la cuire 10 minutes au four.

4 Coupez une feuille de papier sulfurisé aux dimensions du moule et saupoudrez-la avec le reste du sucre. Quand le gâteau est cuit, démoulez-le sur cette feuille et retirez le papier qui garnissait le moule. Laissez refroidir.

5 Fouettez vigoureusement la crème puis étalez-la sur le gâteau avant de le garnir de framboises. Roulez le gâteau en vous aidant de la feuille de papier puis mettez-le 30 minutes au réfrigérateur.

Astuces

• Les blancs en neige doivent être bien fermes mais ne les battez pas trop longtemps car ils risquent de se défaire quand vous les incorporez à la préparation chocolatée. Pour cette étape, procédez toujours en deux fois, avec une cuillère en métal.

• Vous pouvez préparer la base du gâteau la veille et le garnir jusqu'à 3 heures avant de servir : au-delà, la pâte prendra l'humidité de la crème fouettée.

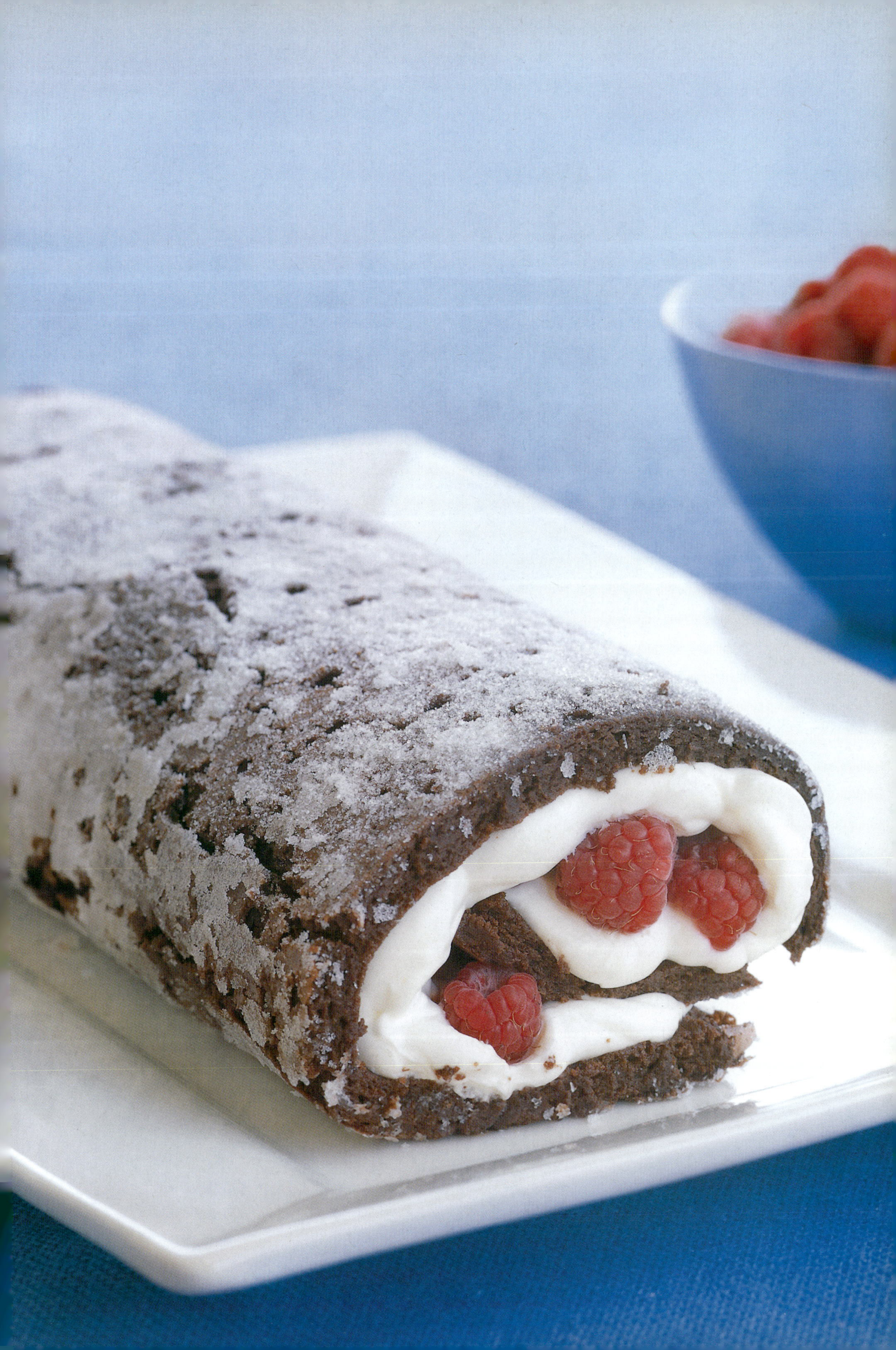

Été

Sorbet aux framboises

Pour 6 personnes

PRÉPARATION 15 MINUTES • CUISSON 45 MINUTES • CONGÉLATION 12 HEURES

**250 ml d'eau
220 g de sucre en poudre
600 g de framboises surgelées
1 c. s. de jus de citron
2 blancs d'œufs**

1 Mettez le sucre et l'eau dans une casserole et faites fondre le sucre à feu doux puis portez à ébullition. Laissez ensuite frémir 5 minutes sans couvrir.

2 Mixez les framboises surgelées avec le sirop de sucre et le jus de citron. Quand le mélange est homogène, passez-le dans un tamis fin pour enlever les pépins et versez-le dans un moule rectangulaire. Couvrez d'une feuille d'alu et congelez jusqu'à ce que le sorbet ait pris.

3 Travaillez le sorbet à la fourchette pour l'aérer. Battez les blancs d'œufs en neige ferme puis incorporez-les au sorbet. Remettez quelques heures au congélateur pour que le sorbet soit bien glacé.

Astuces
• Servez ce sorbet décoré de fruits frais. Vous pouvez aussi le préparer avec d'autres fruits (fraises, mûres, cassis…).
• Si vous utilisez une sorbetière, conformez-vous au mode d'emploi de l'appareil.

Yaourt battu à la mangue et aux fruits de la passion

Pour 8 personnes

PRÉPARATION 15 MINUTES • CUISSON 45 MINUTES

1 mangue coupée en gros morceaux
1 fruit de la passion coupé en deux
2 blancs d'œufs
75 g de sucre en poudre
400 g de yaourt à la vanille

1 Mixez la mangue et le fruit de la passion.
2 Battez les blancs d'œufs en neige ferme en ajoutant progressivement le sucre, jusqu'à ce que la préparation soit lisse. Incorporez le yaourt.
3 Répartissez dans des coupes, en couches alternées, la purée de fruit et la préparation au yaourt. Réfrigérez 30 minutes avant de servir.

ASTUCE

Préparez ce dessert avec de la purée de mangue (rayon surgelés) si vous ne trouvez pas de mangue fraîche.

Été

Ganache au chocolat et aux framboises

Pour 12 personnes

PRÉPARATION 25 MINUTES • CUISSON 1 H 25 MINUTES

35 g de cacao en poudre
80 ml d'eau
150 g de chocolat noir fondu
150 g de beurre ramolli
300 g de sucre roux
125 g d'amandes en poudre
4 œufs, blancs et jaunes séparés
200 g de chocolat noir coupé en morceaux
160 ml de crème fraîche épaisse
300 g de framboises fraîches

1 Préchauffez le four à 160 °C. Beurrez un moule à cake rond.

2 Fouettez le cacao et l'eau puis incorporez le chocolat fondu, le beurre, le sucre, la poudre d'amandes et les jaunes d'œufs.

3 Battez les blancs d'œufs en neige ferme puis ajoutez-les en deux fois à la préparation au chocolat. Versez la pâte dans le moule et faites cuire 1 h 15 au four. Quand le gâteau est cuit, laissez-le reposer 15 minutes à température ambiante avant de le démouler. Laissez refroidir.

4 Mélangez le chocolat en morceaux et la crème dans une casserole. Laissez fondre le mélange à feu doux, sans cesser de remuer. Disposez les framboises sur le gâteau puis décorez-les de nappage au chocolat. Laissez raffermir le nappage à température ambiante avant de servir le gâteau.

ASTUCES
• Vous pouvez préparer le gâteau 3 jours à l'avance. La garniture aux framboises et au chocolat sera mise en place au dernier moment.
• Vous pouvez faire fondre le chocolat et la crème au micro-ondes.

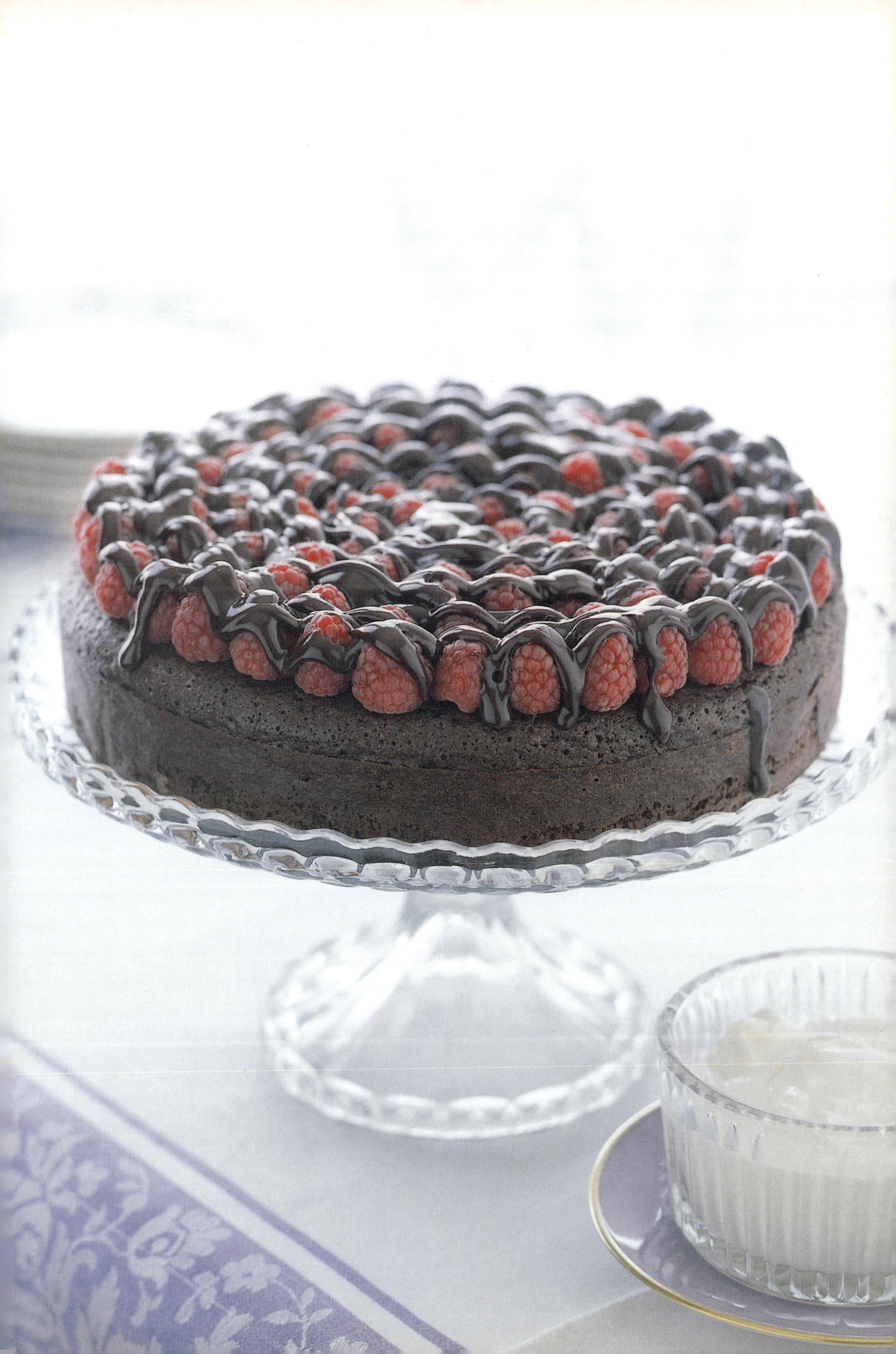

Été

Bouchées à l'abricot et au chocolat blanc

Pour 65 pièces

PRÉPARATION 30 MINUTES • RÉFRIGÉRATION 12 HEURES AU MOINS

410 g d'abricots secs
250 ml d'eau bouillante
60 g de beurre ramolli
80 g de sucre glace
135 g de noix de coco râpée
1 c. s. de zeste de citron finement râpé
300 g de chocolat blanc fondu

1 Garnissez de papier sulfurisé un moule rectangulaire en le laissant dépasser sur les côtés.

2 Faites gonfler les abricots 30 minutes dans l'eau bouillante puis égouttez-les.

3 Mixez les abricots, le beurre, le sucre, la noix de coco, le zeste de citron et le chocolat blanc fondu. Étalez le mélange dans le moule et laissez raffermir toute une nuit au réfrigérateur.

4 Formez de petites boules de la valeur d'une cuillerée à café de pâte aux abricots puis trempez-les rapidement dans le chocolat blanc fondu avant de les faire refroidir sur une feuille de papier sulfurisé. Répétez l'opération pour obtenir un nappage uniforme. Mettez à nouveau au réfrigérateur pour faire raffermir le chocolat blanc. Vous servirez ces bouchées avec un cappuccino.

Soufflés à la framboise

Pour 4 personnes

PRÉPARATION 15 MINUTES • CUISSON 25 MINUTES

300 g de framboises décongelées
1 c. s. d'eau
110 g de sucre en poudre
4 blancs d'œufs
300 ml de crème fraîche épaisse
2 c. c. de sucre en poudre en supplément
2 c. c. de sucre glace

1 Préchauffez le four à 180 °C. Beurrez quatre ramequins.

2 Mettez 250 g de framboises avec l'eau dans une casserole. Portez à ébullition puis laissez frémir 5 minutes. Quand les framboises sont cuites, ajoutez le sucre, remuez et portez à nouveau à ébullition. Laissez cuire encore 5 minutes à feu moyen jusqu'à ce que les fruits soient réduits en purée. Retirez du feu et passez le mélange dans un tamis pour enlever les pépins.

3 Battez les blancs d'œufs en neige ferme puis incorporez-les en deux fois à la pulpe de fruit refroidie. Répartissez le mélange dans les ramequins et faites cuire 15 minutes au four.

4 Pendant ce temps, mixez le reste des framboises avec le sucre en supplément et la crème. Quand les soufflés ont bien gonflé, sortez-les du four, saupoudrez-les de sucre glace et servez-les aussitôt avec la crème fouettée aux framboises.

Été

Ganache au chocolat blanc

Pour 12 personnes

PRÉPARATION 50 MINUTES • CUISSON 1 H 45 MINUTES

250 g de beurre en morceaux
180 g de chocolat blanc
330 g de sucre en poudre
180 ml de lait
225 g de farine
75 g de farine avec levure incorporée
1/2 c. c. d'extrait de vanille
2 œufs légèrement battus

Nappage
125 ml de crème fraîche épaisse
360 g de chocolat blanc en morceaux

Copeaux de chocolat
100 g de chocolat noir fondu
100 g de chocolat blanc fondu
100 g de chocolat au lait fondu

1. Préchauffez le four à 180 °C. Beurrez un moule à cake rond.
2. Mélangez le beurre, le chocolat blanc, le sucre et le lait dans une casserole. Faites fondre à feu doux en remuant régulièrement puis laissez reposer 15 minutes avant d'incorporer les farines mélangées, l'extrait de vanille et les œufs. Versez la préparation dans le moule et faites cuire 1 h 40 au four. Laissez refroidir dans le moule.
3. Préparez le nappage au chocolat puis les copeaux.
4. Démoulez le gâteau sur un plat, couvrez-le de nappage en l'étalant bien puis décorez-le de copeaux de chocolat.

Nappage Faites chauffer la crème dans une casserole jusqu'au point d'ébullition puis versez-la dans un récipient contenant le chocolat blanc en morceaux. Mélangez avec une cuillère en bois puis laissez raffermir 20 minutes au réfrigérateur. Le nappage doit être assez épais pour être étalé facilement.

Copeaux de chocolat Faites fondre séparément les trois chocolats puis étalez-les dans des assiettes plates. Quand le chocolat est assez ferme, grattez-le avec une cuillère à glace pour former de petits copeaux. Réfrigérez ces derniers 20 minutes environ avant d'en décorer le gâteau.

Pour préparer les copeaux, étalez le chocolat sur une surface froide (marbre ou assiette).

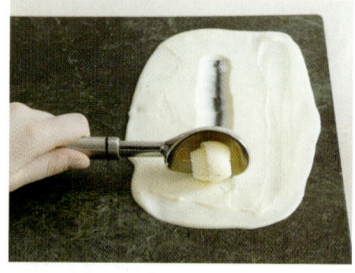

Grattez le chocolat avec une cuillère à glace pour former des copeaux réguliers.

Réfrigérez les copeaux 20 minutes pour qu'ils soient bien fermes avant d'en garnir le gâteau.

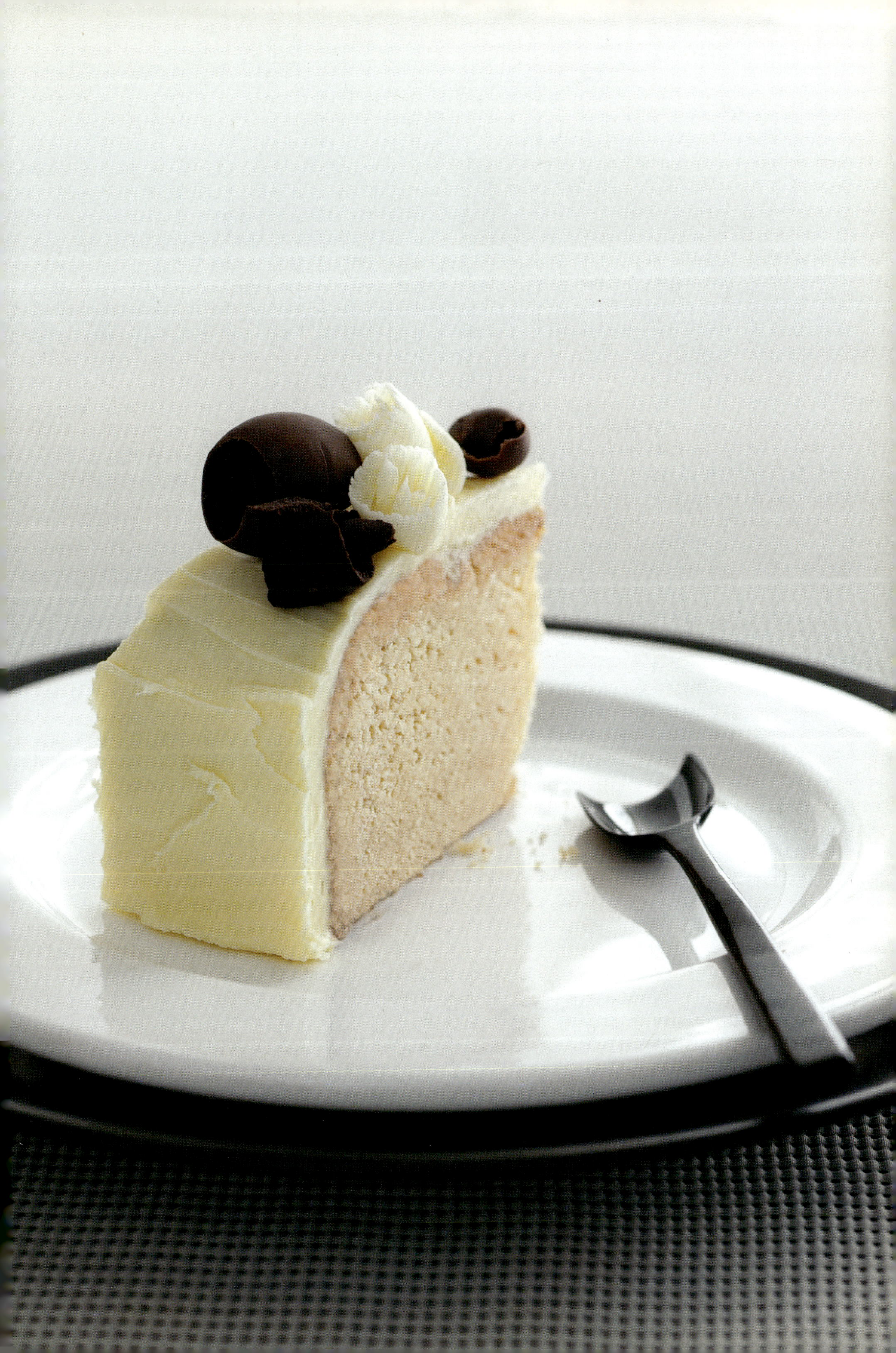

Desserts express

Glace à la rhubarbe et au crumble

Pour 8 personnes

PRÉPARATION 10 MINUTES • CUISSON 10 MINUTES • CONGÉLATION 3 HEURES

**220 g de rhubarbe coupée en morceaux
2 c. s. de sucre roux
2 litres de glace à la vanille légèrement ramollie
125 g de biscuits au gingembre grossièrement brisés**

1 Faites cuire la rhubarbe et le sucre 5 minutes à feu vif dans une casserole. Quand les morceaux commencent à être tendres, baissez le feu et laissez frémir 5 minutes. Laissez refroidir.

2 Incorporez à la glace à la vanille la compote de rhubarbe et les morceaux de biscuits. Transférez le mélange dans un moule et faites prendre au moins 3 heures au congélateur.

Salade exotique

Pour 4 personnes

PRÉPARATION 10 MINUTES

**1 petit ananas
1 fruit de la passion mixé
2 c. s. de Malibu (liqueur à la noix de coco)
10 g de noix de coco grossièrement râpée et grillée à sec**

1 Pelez l'ananas à vif, coupez-le en quatre, retirez le cœur et recoupez chaque quartier en très fines tranches.

2 Répartissez l'ananas dans des coupes à dessert, nappez-les de pulpe de fruit de la passion et de Malibu mélangés, puis décorez de noix de coco grillée. Servez sans attendre.

Irish coffee

Pour 4 personnes

PRÉPARATION 5 MINUTES

500 ml de glace à la vanille
125 ml de crème de whisky
4 tasses de café très serré brûlant

1 Répartissez la glace dans des coupes à dessert et versez la crème de whisky.
2 Versez le café brûlant sur les glaces et servez aussitôt.

Bananes grillées

Pour 4 personnes

PRÉPARATION 10 MINUTES • CUISSON 10 MINUTES

4 bananes coupées en deux dans la longueur
55 g de sucre roux
20 g de beurre
2 c. s. de Malibu (liqueur à la noix de coco)
1 gousse de vanille
160 ml de crème fraîche épaisse
1 c. s. de sucre glace

1 Saupoudrez les bananes avec 1 cuillerée à soupe de sucre roux puis faites-les caraméliser sous le gril du four.
2 Mélangez le reste du sucre, le beurre et le Malibu dans une casserole. Faites chauffer à feu doux sans laisser bouillir. Réservez au chaud jusqu'au moment de servir.
3 Fendez la gousse de vanille en deux, grattez les graines et incorporez-les à la crème fraîche ; ajoutez le sucre glace et fouettez vigoureusement au batteur électrique.
4 Répartissez les bananes sur des assiettes à dessert, garnissez de crème fouettée et nappez de sauce chaude. Servez aussitôt.

Glossaire

Airelles Petit fruit rougeâtre à saveur très acidulée. Utilisée généralement comme condiment, l'airelle est parfois employée pour aromatiser certains desserts.

Amande Fruit de l'amandier. La graine blanche et tendre est recouverte d'une pellicule brune et enfermée dans une coque brune grêlée.
Mondée L'amande est débarrassée de sa coque et de sa pellicule brune.
En poudre Poudre ayant la texture d'une farine grossière. Une fois séchée et grillée, les amandes sont broyées finement. Les amandes en poudre sont utilisées comme une farine et font aussi office d'agent épaississant dans les pâtisseries.
Effilée Coupée en fines lamelles dans la longueur. On peut les faire griller à sec (sans matière grasse dans une poêle antiadhésive) ou au four.

Babeurre Le babeurre ou lait battu est le lait dont on a enlevé le beurre par barattage. On le trouve au rayon frais des grandes surfaces.

Badiane (anis étoilé) Fruit en forme d'étoile d'un arbre de la famille des magnoliacées originaire de Chine. Son goût prononcé d'anis relève de nombreuses recettes asiatiques. On le trouve entier ou moulu. Peut également être utilisé en infusion.

Beurre En pâtisserie, on utilise surtout du beurre doux (sauf mention contraire). Si une recette exige du beurre ramolli, pensez à le sortir du réfrigérateur au moins 30 minutes à l'avance.

Bicarbonate de soude Poudre cristalline blanche d'une saveur légèrement salée. Généralement utilisé pour faire lever les pâtisseries.

Biscuits à la cuiller Biscuits fins et longs, à pâte soufflée et craquante, utilisés en pâtisseries comme base pour des entremets (charlottes, tiramisu, etc.).

Biscuit de Savoie Également appelé gâteau mousseline. C'est une pâte très légère et aérée, parfois parfumée avec des zestes d'orange ou de citron, ou encore de l'extrait de vanille. Se déguste nature ou fourré (crème fouettée et fruits, confiture, etc.). On trouve des biscuits de Savoie tout prêts en grande surface. À défaut, on utilisera une génoise.

Canneberge Airelle des marais dont les baies sont légèrement acidulées. Utilisée en pâtisserie et pour faire des sirops et des confitures. En vente séchée ou en conserve dans les grandes surfaces.

Cannelle Écorce d'un arbre originaire de Chine ou de Ceylan. Cette écorce se présente en feuilles minces roulées sur elles-mêmes (bâtons de cannelle). Saveur très fine et sucrée, très aromatique. On trouve aussi de la cannelle moulue mais on lui préférera la cannelle en bâton pour aromatiser compotes et entremets.

Cardamome Épice originaire de l'Inde et très présente dans la cuisine orientale. On la trouve en capsules, en graines ou moulue.

Graines de cardamome
Cardamome moulue
Cardamome en capsule (blanche ou noire)

Chocolat Le chocolat est fait à base de pâte de cacao, de beurre de cacao et de sucre (sans oublier le lait dans le chocolat au lait…). Pour les desserts, on pourra utiliser du chocolat en tablette ou des pépites de chocolat (ces dernières sont surtout utilisées pour les nappages et autres couvertes fines et délicates à réaliser).

Clou de girofle Bouton floral non épanoui du giroflier, séché et parfois fumé. D'une saveur aromatique chaude et piquante, le clou de girofle est utilisé pour parfumer les pâtisseries.

Coing Fruit jaune ayant la forme d'une grosse poire et une peau veloutée. Ne peut être dégusté cru à cause de son goût âcre. Délicieux poché, en confiture ou en pâte de fruit.

Crème fraîche Produit issu de l'écrémage du lait et constitué de lait très enrichi en matière grasse (au moins 30 %). Elle peut se conserver 1 mois à 5 °C. La crème liquide, elle, fermente plus rapidement.

Crème anglaise Dessert à base d'œufs et de lait, aromatisé à la vanille et parfois agrémenté de zestes d'orange ou de citron. La crème anglaise accompagne généralement des entremets ou des gâteaux. On trouve dans le commerce des préparations en poudre rapides à accommoder.

Crème fouettée Pour réussir la crème fouettée, il est recommandé de mettre la crème fraîche environ 30 minutes au congélateur. Très froide et ferme, elle montera plus facilement. On peut la fouetter telle quelle ou l'additionner de sucre glace et d'un parfum aromatique (extrait de vanille par exemple).

Eau de rose Liquide obtenu par distillation de pétales de roses. Elle possède une saveur très parfumée. Très utilisée pour aromatiser les pâtisseries dans la cuisine du Moyen-Orient. Dosez-la avec parcimonie car elle est très concentrée.

Farine
À levure incorporée Farine de blé tamisée avec de la levure dans la proportion de 10 g de levure pour 230 g de farine.
De blé Pour tous usages.
De maïs Utilisée généralement comme épaississant.

Fromage frais Il est issu du lait naturellement fermenté. Plus égoutté que le fromage blanc, il contient donc moins d'eau et offre un aspect de pâte épaisse.

Gélatine Cette substance protéinique incolore est issue des os ou de certaines algues. Elle permet d'épaissir ou de solidifier certaines préparations culinaires. Disponible en feuille ou en poudre, on la trouve dans la plupart des magasins d'alimentation. On peut la dissoudre dans l'eau ou dans d'autres liquides (bouillons, sirops, coulis…). Pour un effet décoratif, on la mélange avec des colorants alimentaires. Simple à utiliser, il suffit de la plonger quelques minutes dans de l'eau froide. Dans le même temps, on fait chauffer le liquide à gélifier (sans le faire bouillir) puis on mélange les deux préparations.

Lait On utilisera de préférence du lait écrémé ou demi-écrémé, moins lourd et plus digeste que le lait entier.

Lait condensé sucré Le lait condensé sucré est obtenu à partir d'un lait partiellement écrémé ou totalement écrémé. Le sucre est ajouté en début de processus de concentration. Crémeux, épais et d'une teinte jaunâtre, il est utilisé en confiserie pour la fabrication du caramel. Il entre aussi dans la composition de desserts, de crèmes glacées, de glaçages et de sauces. Les gourmands le dégustent nature, en petits berlingots (on le trouve aussi en conserve).

Maïzena Fécule de maïs utilisée comme épaississant. On la délaye dans un liquide froid avant de l'incorporer au reste de la préparation.

Mascarpone Spécialité italienne, le mascarpone est un fromage frais très riche, apparenté au fromage à la crème et à la ricotta. Il est préparé avec de la crème acidifiée et chauffée à 85 °C, ce qui provoque la précipitation du caillé, qui est ensuite séparé du lactosérum par filtrage. Le fromage est légèrement salé et habituellement fouetté. Sa teneur en matière grasse est très élevée.

Noix de coco séchée Fruit du cocotier, la noix de coco pousse en « régimes » composés de 10 à 20 noix à différents stades de développement. Enveloppée dans une coque très épaisse, elle se compose d'une enveloppe fibreuse marron et d'une coque dure marron clair, à l'intérieur de laquelle on trouve une chair blanchâtre. La noix de coco séchée et râpée est très utilisée pour la pâtisserie, comme épaississant ou pour parfumer gâteaux, flancs, crèmes ou salades de fruits.

Noix de macadamia D'origine australienne, la noix de macadamia peut être mangée nature, salée, rôtie à sec ou dans l'huile. D'une texture ferme, elle est délicieuse caramélisée. Elle entre dans la composition de nombreux desserts.

Noix de pécan Fruit du pacanier, la noix de pécan a une coquille assez fragile. Longue de 3 à 4 centimètres, elle est de forme ovale. L'amande comporte 3 lobes séparés par une cloison ligneuse. On l'utilise nature (pour l'apéritif) ou dans des tartes, gâteaux, biscuits…

Pâte feuilletée La pâte feuilletée est une succession de couches de pâte et de matière grasse (généralement du beurre) de même épaisseur. Sous l'effet de la chaleur, le feuilletage se soulève, donnant une pâte croustillante et aérée. Elle est très utilisée en pâtisserie et s'accommode de nombreuses garnitures. Longue et assez difficile à préparer pour les débutants, elle est vendue au rayon frais des grandes surfaces soit sous forme de rouleaux, soit en paquet à étaler. Choisissez de préférence une pâte riche en beurre, plus calorique mais tellement plus savoureuse…

Pistache Fruit du pistachier, la pistache est contenue dans une coque dure. Sa chair est verte et sa saveur très douce. Elle est utilisée nature ou salée. Délicieuse en pâtisserie. Si vous achetez des pistaches non décortiquées, vérifiez que la coque est entrouverte, signe que la graine est mûre et prête à être consommée. Pour enlever la peau des pistaches décortiquées, faites-les blanchir 2 minutes dans de l'eau bouillante puis plongez-les aussitôt dans l'eau froide. Elle se conservent dans un récipient hermétique, dans un endroit frais et sec.

Praline Amande enrobée de sucre caramélisé. Ce dernier peut être coloré.

Ricotta Le nom de ce fromage de vache à pâte molle blanche signifie « recuite ». Il est à base de petit-lait, un sous-produit d'autres fromages, auquel on ajoute du lait frais et de l'acide lactique. La ricotta est un fromage doux avec un pourcentage de matières grasses de 8,5 % et une texture légèrement granuleuse.

Sagou Fécule préparée avec le fruit du sagoutier, un palmier d'Asie du Sud-Est. Elle dégage une délicate odeur de vanille. Utilisée comme épaississant, elle peut être remplacée par du tapioca dans certaines préparations.

Sésame Le sésame est une plante touffue dont les fleurs donnent naissance à des capsules abritant des graines ovales, petites et plates, allant du blanc cassé au gris foncé. Elles sont très riches en acides gras saturés et en vitamines. Utilisées nature ou grillées, elles parfument de nombreuses recettes.

Sucre Dans les recettes, nous avons utilisé du sucre blanc cristallisé, sauf mention contraire.
  Brun Sucre finement granulé dans lequel subsiste de la mélasse qui lui confère sa couleur et sa saveur particulières.
  Glace Sucre cristallisé broyé en poudre impalpable, puis tamisé et additionné de 3 % d'amidon.

Tapioca Issu du manioc, le tapioca se présente en grains irréguliers, durs et blancs, partiellement solubles dans l'eau. Il est vendu en grains petits, moyens ou gros.

Vanille
  Gousse Longue et fine, séchée, elle contient de minuscules graines noires qui confèrent une saveur incomparable aux pâtisseries et aux desserts. Vous confectionnerez votre propre sucre vanillé en mettant une gousse dans un bocal de sucre.
  Extrait Obtenu par macération de gousses dans de l'alcool ; l'essence de vanille n'est pas un bon substitut.

Table des recettes

Hiver

Biscuits aux amandes	47
Brownies au chocolat	32
Cake à la banane	26
Charlottes aux poires et coulis de figues	54
Cheesecake à la vanille et aux coings pochés	28
Cheesecake au chocolat et aux cerises	56
Cigarettes aux amandes	20
Crème au chocolat	50
Crème brûlée	30
Crème renversée à la cannelle	22
Délice aux prunes	46
Diplomate à l'italienne	52
Fourré aux amandes et à la rhubarbe	36
Gâteau aux poires et aux amandes	40
Génoise à la rhubarbe et aux poires	55
Gulab Jaman	51
Moelleux au café et aux noix de pécan, sauce au caramel	14
Pancakes au beurre praliné	6
Pavés aux dattes, sauce au caramel	48
Poires pochées au vin rouge	10
Pudding au chocolat	42
Pudding au panettone	8
Pudding express aux oranges et aux framboises	12
Puddings au tapioca	38
Tarte au chocolat	34
Tarte au citron meringuée	18
Tarte aux noix de pécan	44
Tarte Tatin	24
Tiramisu	16
Tourte aux pommes et aux myrtilles	4

Desserts d'hiver express

Fondue au Toblerone	59
Mandarines caramélisées et glace à la vanille	58
Prunes gratinées à la crème	59
Tarte aux poires	58

Été

Bombe glacée à la mangue	62
Bouchées à l'abricot et au chocolat blanc	110
Cake fourré au mascarpone	94
Cheesecake à la ricotta	90
Cheesecake au chocolat blanc et aux fraises	78
Christmas pudding au chocolat blanc	84
Coupe fraîcheur mangue-citron	70
Diplomate aux pêches et aux framboises	64
Flan à la noix de coco et aux fruits de la passion	103
Fruits pochés au sirop de cassis	99
Ganache au chocolat blanc	112
Ganache au chocolat et aux framboises	108
Gâteau de Savoie fourré aux fraises	88
Gâteau meringué au chocolat et aux fraises	100
Gâteau mousseux au chocolat noir	80
Gâteau roulé au chocolat et aux framboises	104
Gelée de fruits au champagne	98
Macarons à la crème et aux fraises	66
Meringue aux pêches et aux framboises	76
Millefeuille aux fruits rouges	74
Mousse glacée aux deux chocolats et au café	96
Panna cotta aux fruits rouges	60
Parfait au chocolat et au nougat	102
Pavlova aux fruits rouges	92
Profiteroles au chocolat	72
Prunes rôties au sirop et nougat glacé	86
Sorbet aux framboises	106
Sorbet exotique et mangues grillées	68
Soufflés à la framboise	111
Tarte aux nectarines	82
Yaourt battu à la mangue et aux fruits de la passion	107

Desserts d'été express

Bananes grillées	115
Glace à la rhubarbe et au crumble	114
Irish coffee	115
Salade exotique	114

Adaptation : Danielle Delavaquerie et Elisabeth Boyer

Mise en pages : Penez Édition
Relecture : Philippe Rollet

Publié pour la première fois sous le titre *Best Food Desserts*

© 2004 ACP Publishing
© Marabout 2004 pour la traduction et l'adaptation

ISBN : 2501-047-35-4
NUART : 40 9678 0/01
Dépôt légal : 67945 - février 2006

Achevé d'imprimé en Espagne par Graphicas Estella

Toute reproduction d'un extrait quelconque de ce livre par quelque procédé que ce soit et notamment par photocopie, numérisation ou microfilm, est interdite sans l'autorisation écrite de l'éditeur.